良心经济学

企业零恶行与盈利的实现路径

史蒂文·奥弗曼◎著

（Steven Overman）

唐奇◎译

THE
CONSCIENCE
ECONOMY

How a Mass Movement for Good
Is Great for Business

中国人民大学出版社

·北 京·

　　不久前的一天，我跟一群哈佛、MIT 和普林斯顿大学的教师和学者在马萨诸塞州的坎布里奇共进晚餐。他们都是非常聪明的人，从事着最重要、最前沿的开创性工作。

　　大约到了吃甜点时，讨论集中到了萦绕在所有伟大思想者心头不能回避的重大问题上：我们如何解决真正的大问题？显然，地球上的生活每况愈下，每个人都很失望。他们为传统媒体人的失败感到沮丧，甚至愤怒。为什么奥巴马没有解决我们的问题？联合国没有？世界银行没有？盖茨基金会也没有？

　　我真希望晚餐时史蒂文·奥弗曼坐在我身边，就像 20 世纪 90 年代初他刚到《连线》（*Wired*）杂志时那样。在《连线》，我们创造了独一无二的情报网，以杂志的形式报道正在爆发的数字革命。我们的专长就是遨游未来，为我们的读者带回最新鲜的资讯。我们开玩笑地称之为"月度革命"，从商业到政治、从教育到娱乐、从能源到健康、从宗教到性别，世界已经改头换面。随着数字化工具变得越来越普及，影响力越来越大，去中介化正在兴起。我们怀着乐观主义拥抱这场革命：我们的座右铭是"变革是好事"。

　　而且，我们不仅报道革命，还是革命的促进者。在《连线》，我们是网络媒体的先行者，建立了第一个拥有原创内容和财富 500 强企业广告的网站。我们发明了广告横幅的模式，帮助创办了一家销售和创作这些广告的事务所，因为当时这类机构还不存在。如我们所知，《连线》人发布了第一篇博客，引发的震动使得传统期刊再也没能恢复元气。我们创办了第一个报道总统大选的网站"网络公民"（Netizen）。接下来，我们作为原告参与诉讼，与政府通过在硬件系统中加入审查芯片，从而监听公民和企业通信的企图进行斗争，这场诉讼最终推翻了《传播净化法案》（Communications Decency Act）。

离开《连线》后，史蒂文继续在全球传播数字革命，帮助建立了当时世界上最大、最具创新性的手机企业。所以谈到变革，他是权威，从旧金山到网络空间、从赫尔辛基到孟买、从北京到开普敦，每一条"革命"的战壕中都能找到他的身影。

所以毫不奇怪，那天的晚餐我希望史蒂文也在场。他会强烈反对宾客们的悲观主义，并且告诉他们：等一下，首先，所有的指标都表明世界并没有变得更糟，实际上还是在越变越好，尽管问题仍然存在。没错，传统媒体可能面临失败，但是一种新的范式正在兴起，使得创造一个更美好的世界成为可能。

然后史蒂文会提出那天晚上每个人应该问的真正的问题，不是"我们如何解决真正的大问题"，而是"'我们'究竟指谁"。在史蒂文看来，"我们"不是政府、非营利组织或者正在变得越来越徒劳无益的跨国机构，或许它们早该被淘汰了。事实上，"我们"就是我们。

因为正如史蒂文在他发人深省又颇具争议的新书中指出

的，在 21 世纪，我们每个人作为个体、家庭成员、员工、企业家、经理人、公民和消费者，不仅共同承担着创造一个更美好的世界的责任，而且拥有将之付诸行动的力量。经济学正在围绕这样的现实重塑自身。史蒂文称之为良心经济学。

史蒂文指出，这方面的迹象在我们周围随处可见。企业朝着更有责任感、价值驱动和透明化的方向变革，骄傲地告诉我们它们的产品是如何生产的、它们对环境负责、与所有利益相关者的关系都符合企业道德。实际上，它们将良心作为商业活动的一部分内化了，并且通过广告、营销活动和所销售的商品标识向消费者表明这一点——不是出于政府压力，而是因为做好事就是一笔好生意。或者用史蒂文的话来说："善良是利润的源泉。"

值得欣慰的是，《良心经济学》的观点令人信服，正如史蒂文所说，因为这正是我们所需要的。网络化的世界让我们对全球各地发生的事件有了超出以往任何时代的了解——我们无法回避真相。我们无法回避的事实之一就是，遥远的政治和慈善机构已经失效。如果我们想为子孙后代创造一个更美好的未来，我们不能再像以前那样把责任推到别人身上，每个人都必须承担起自己的责任。去中介化已经扩展到了公民领域。

虽然有着对良心的大声疾呼，但《良心经济学》是一本冷静的书，因为大部分内容是一份生动的报告，描绘了正在从今天的商业环境中初露端倪的未来。在史蒂文的书中，你会发现为什么企业社会责任和市场营销已死（真正的革命），什么是媒介的 5C，以及 CMO 并不代表首席营销官，而是首席媒介官（Chief Matchmaking Officer）的意思。

史蒂文的《良心经济学》还有一项贡献。当今时代，传统媒体大肆传播毫无根据的悲观主义，从大众不断滋生的焦虑中获利，《良心经济学》则以毫不掩饰的乐观主义奋起反击，描绘了一幅乌托邦式的未来图景（跟我一样，你可能会对某些地方提出质疑，但是像《良心经济学》这样一本书正应该如此——引起争论）。

史蒂文抱持乐观主义，并不是因为乐观主义是好的，而是因为他知道，正如我们在《连线》时曾经讨论过的，乐观主义是一种生存战略。

如果你对未来感到悲观，你可能拥抱一种"我死之后，管它洪水滔天"的态度，只关心短期的满足。相反，如果你相信未来会更好，你会再接再厉、承担责任，从长期思考如何为你和子孙后代创造一个更美好的世界。因此，解决困扰与我共进晚餐的宾客们的这些大问题，应该从乐观主义出发，而不是绝望和沮丧。

良心经济学的出现恰逢其时，史蒂文·奥弗曼就是它的传令官。跟史蒂文一样乐观吧。他已经预见了未来，而且他的预言终将实现。

路易斯·罗塞托（Louis Rossetto）
颠覆性的媒体企业连线的联合创始人
颠覆性的巧克力企业 TCHO 的联合创始人
伯克利
2014.7.11

上午十点左右，气温已经超过 27℃。我开着一辆租来的车，沿着阳光炙烤下的佛罗里达高速公路行驶。空调一路猛吹，谷歌地图友好的语音提示指引我穿过必须依赖汽车代步的广阔住宅区、大盒子似的超市卖场、西班牙殖民风格的多厅电影院，以及描绘着治疗心脏病灵丹妙药的高大广告牌。空气潮湿，景色单调，棕榈树点缀其间，绵延数英里，仿佛高出海平面仅有 6 英寸。在我看来，这幅无边无际、绵绵无期的景致正是人类好几个世纪的梦想和欲望的体现。对许多人来说，这是天堂。

这里是佛罗里达，具体说来是南佛罗里达，也是道路的尽头。北美人梦想中的退休圣地。我不禁注意到在这个情景中，在一种不可持续的生活方式和生命的终结之间，存在着某种略带讽刺的联系。但是同时，这也是一条新道路的开始，延伸至朝气蓬勃、乐观主义的拉丁美洲。这不是什么巧妙的隐喻，我知道，这不仅是一个拥有大量移民和退休人口的气候炎热的半岛上的生活方式。这就是美国，崇尚便利和即时满足的国度，世界上其他许多国家也想加入这个行列。

被这种相对低成本的富足包围，很难想象观念和欲望会发生改变。一方面，当代生活中的各种基础设施似乎已经永久地固定下来。但是另一方面，这一建立在沥青和石油之上的基础设施背后的梦想和动机正在发生变化，而且很快。

新一代渴求的是不同的东西，他们每天都在以否定传统逻辑的方式进行选择。他们拒绝墨守成规——因为他们能够做到。从一以贯之的职业观念到金钱本身的价值，他们质疑一切，从国家政策到人类基因组，他们都不放过。

他们根据产地和生产方式选择服装，而不仅仅是合身与否。他们自己创办媒体、播出节目、表达观点，根据他们自己的价值观决定要抵制还是支持某家企业。他们的思考是全球化的，购买行为却是本地化的，如果他们能做到，会选择那些公平贸易和零奴役的产品。他们用手机就能推翻政府。他们为了社会进步创办社会企业和投资基金。他们愿意花费时间和金钱来投票和表达忠诚，甚至在享受娱乐时也越来越渴望对其他人和周围的世界产生积极的影响。

对世界做出积极的贡献曾经是一个冠冕堂皇的理想主义动机，现在已经脱去了嬉皮士自我正义感爆棚的外衣。今天，启蒙是彻头彻尾的性感，带上了前瞻性思考的意味，并且变得越来越主流。从咖啡厅的第三次浪潮到屋顶铺设太阳能板的社会企业，做好事成为新的地位象征——至少在写作本书时，一个引领风潮的时髦人物会说，做好事是最了不起的。

新一代相信他们能够，而且必须让世界变得更美好，而且他们期望企业和政府也能跟上他们的脚步。

让我们面对现实吧，对企业来说，长久以来，通过掠夺自然资源和使用廉价劳动力攫取利润不是最好的，却是聪明的做法。至少从环境和社会的角度，好的企业通常需要一种衡量恶行的标准。强硬的企业领导者需要做出艰难的决定，他们通常除了底线什么都不关心，即使以全人类和地球为代价也在所不惜，至少表面上是这样。毕竟，总是有好心人为他们开脱或洗刷污名，也从不缺少和稀泥的陈词滥调：好人垫底，好心没好报，别往心里去，只是生意罢了。

企业的恶行不仅有利可图，甚至值得称道，只要别被逮住就行。名人作为我们的集体楷模，无论是某位偶像歌星与犯罪组织之间存在联系，还是某支摇滚乐队砸烂了他们的旅馆房间，都会被视为无伤大雅的任性。恶行——特别是侥幸逃脱了制裁的恶行——一向是共享价值观的丰富来源。但是新兴文化，包括越来越多的企业领导者，对于什么是激进、前卫、明智和价值有着不同的见解。

有很多醒目的例子，这里随便列举一些：

· 年轻企业家的全球化浪潮不仅体现了个人自信和赋权的增长，而且表明乐观主义正在发展，人们相信能够以更好的方式去工作、生产和生活。

· 人如其食，本地出产的有机农产品和肉类不再只是少数精英消费者才能享用的，而是成为食品消费中增长最快的类别之一。与此同时，传统快餐食品和含糖碳酸饮料的利润停滞不前，在发达国家，市场已经达到饱和。

·我们喜欢的明星为热点话题拍摄电影，帮助遭遇洪灾的社区重建家园，为全球紧急事件挺身而出，并推广健康饮食。

·影响力投资——创造基金、框架和金融工具，让资本在获得有竞争力的回报的同时为更大的善行服务——继续发展壮大，在金融业发挥影响。

·面对接二连三的极端天气事件，主流媒体就人类的影响争论不休。实际上，讨论的是企业的影响。

·生物传感器专利的激增正在驱动下一波移动技术创新浪潮，将推动健康诊疗程序虚拟化，降低医疗保健的成本，提高效率，帮助更多的人获得医疗服务。

·从服装到微芯片，生产一切产品的企业结成联盟，创造和推行增进工人健康和安全、维护社区稳定的行为准则。

·在美国，婚姻平等从一个州扩展到另一个州，得到那些长期以来为员工的同居伴侣关系提供福利的企业的声援。

·基于网络和移动互联网的新服务模式，让普通人有机会拿车内的空位和家中客房的空床位赚钱，从而在创造价值和建立社会人际关系的同时，使化石燃料和居住空间这类有限资源的经济效率最大化。

·实时的舆论法庭在全球扩张，参与者和赋权都达到了史无前例的规模。因为领导者的政治观点而抵制某些企业，因为与公众一致的价值观而支持某些企业，这一切都通过140个字的推特（Twitter）在社交图谱中传播。

·小额信贷和众筹催生了通常由社会驱动的新业务，使投资和企业家精神以前所未有的方式民主化。与此同时，它们创造了虚拟的利益相关者关系，让以前没有机会彼此接触的人们为共同的结果负责。

·能够赋予个人创造力和知识的企业，比如苹果和谷歌，成为品牌价值的翘楚，技术部成为最受尊敬的企业部门。

·真实成本经济学的观点从一种网络宣言发展为学术界普遍认可的概念，掀起了一场朝着会计行业综合财务报告转型的新运动，并且发展迅猛。

好消息是：这种社会、生活、工作，特别是商业上的重大变革提供了史无前例的机遇，让我们所有人都能获得机遇、发展和更大的幸福，也让世界变得更美好。

坏消息是：我们全都没有做好准备。特别是企业。这有点讽刺，因为正是我们这些生意人促成了这场变革。

我们正在进入一个社会和技术分崩离析的时代，大多数企业都无法适应。如我们所知，企业建立在一套明示或暗示的规则的基础之上，不仅存在于多年的商业实践中，也体现在学术和法律中。现在，这一切正在被一套价值体系及其背后的支持技术所颠覆，几十年来，这套价值体系一直在不断地从边缘走向主流。实际上，我们正在逼近全球化社会进化历程中的临界点。

你可以说我言过其实，但是长期以来支撑我们习以为常的商业、社会、经济和生活逻辑的全部规则正在发生天翻地覆的变化。证据不仅在你身边，还在你体内。如果你不是凭直觉感到我们正处在一个大崩溃的时代，你就不会阅读这本书。我们正在为自己创造一个什么样的未来？当代生活中充满了与之相关的真正的大问题：关于资本主义、社交媒体、娱乐、教育，甚至金钱的未来的争论；如果我们不改变生活方式，环境灾难将迫在眉睫的呼声；人工智能和机器人的飞速发展；基因工程的潜在影响；智能手机改变我们生活的方式；食品安全和粮食安全问题；关于互联网本身及其究竟为谁服务的对话；等等。

从领导力到产品和服务创新，再到人才管理、市场营销、销售和配送，经营一家企业的老办法已经过时了。无论我们作为个人和领导者多么开明和进步，大多数业务流程已经无法与新兴的价值体系相互协调，新的价值体系不仅期望而且公开要求透明、真实、民主、合作、赋权和公平，同时竭尽所能地为人权、健康社会和繁荣的自然环境服务。

与此同时，对越来越多的人来说，企业成为一个贬义词。

我们说的不只是银行。众所周知，银行在大多数人心目中的形象已经跌至谷底，根据未来观察企业（Futures Company）最近的一项全球企业信任度调查，全世界 96% 的顾客对银行表示不信任。人们对商业领域所有的人类努力表现出越来越深刻的失望。作为企业的成员，你和我（实际上，包括那些在调查中表达不信任的大多数人）每天所做的一切，我们的汗水、泪水和良好意愿，在全世界大多数人眼中只不过是一种必要的恶。

当然，人们依赖只能由大企业提供的产品，甚至为之疯狂。但是他们不一定会爱屋及乌，喜欢上生产这些产品的企业。人们对企业的感觉越来越影响到他们的选择。企业声誉和品牌忠诚越来越相辅相成。

我们承认，许多企业受到诟病是理所应当的。金融危机带来的深切伤痛、不安全的生产条件造成的伤亡事故、环境破坏的长期影响都是不信任甚至愤怒的充分理由。"我，卑微的公民"与"他们，有权势的生意人"之间的二元对立快要走到尽头了。

"企业只不过是一架机器。"最近，当我对一位同事描述一种令我个人感到失望的糟糕的工作环境时，他这样回答。尽管我偶尔也会感到挫败，但是我不同意这种和事佬的论调。显而易见，大大小小的企业，甚至那些"毫无个性的"巨无霸，都是由人组成的，因此企业从根本上说就是人，容易犯错的人。有时候，当你把许多人聚在一起，面对的风险又很高，人们不可能做到最好。许多小错误累积放大，会带来灾难性的后果。企业的失败就是人的失败。

正如人性并不是天然的恶，企业也不是。实际上，如果说它有能力伤害人，那它更有能力帮助人。人们出于良好的初衷结成大型组织、齐心协力，结果正是放大了潜在的善的力量，商业史上有许多这样的例子。19世纪中叶，英国一些最成功、发展最快的企业（要知道，当时英国不仅是欧洲最大的经济体，并且强于美国）是由贵格会信徒经营的，由于宗教信仰的缘故，他们被排除在精英社会之外，因此致力于经营企业来将他们的价值观付诸实践。例如，像吉百利（Cadbury）和朗特里（Rowntree）这样的企业在经营业务的同时，不仅为它们的工人，还为它们所在的更广大的社区做出贡献（食宿、医疗），这在当时是绝无仅有的。20世纪80年代，美体小铺（The Body Shop）等企业将"零残忍"（即反对使用动物实验化妆品）产品的概念引入了主流公众的视野。针对南非的广泛商业制裁为种族隔离的棺木钉上了最后一根钉子。

企业必将在驱动积极的变革中发挥更大的作用。联合利华（Unilever）企业前董事长兼CEO尼奥·菲茨杰拉德（Niall FitzGerald）在一篇题为《企业在社会中的角色》（*The Role of Business in Society*）的报告中指出："与社会共同应对全球化进程中的社会和环境问题，不仅通过慈善事业，而且运用自身的创新能力寻找能够帮助解决这些问题的商业解决方案，这种对商业领袖的挑战就是21世纪的挑战。"

我们应该把这种变化、这种破坏和这重要的下一步归结为什么？我们感谢技术，实际上意味着感谢镜子中的我们自己；我们不仅发明了这些技术，而且满怀热情、全心全意地将它们应用于生活中几乎所有领域。互联网不仅拉近了人与人的距离，也拉近了人与企业的距离。世界不仅越来越互联（越来越拥挤），而且变得比历史上任何时候都更加亲密。

这是一种祝福？还是会让企业的经营环境更加错综复杂？深层顾客互动的奇迹、移动性赋予企业的自由和生产率，以及更高效便捷的分布式通信都值得称道，但是这种新的亲密关系令人感到不适也是事实。我们还没有习惯。我们现在经营企业的方式，我们创造、衡量和报告企业价值的方式是基于隔离而不是亲密的，是不透明的。你可能在想，不，我们渴望跟顾客更加亲密。我相信你是这么想的，我也是。激动人心的PPT演讲、社交媒体上的热情推荐，都颂扬企业与顾客之间的紧密联系。你想了解关于他们的一切，但是你想让他们了解关于你的一切吗？例如，你希望你的顾客知道你用他们的信息都做了什么吗？归根结底，亲密是一柄双刃剑。

坦白讲，无论企业希望如何，都别无选择，只能更加开放。围墙正在倒塌。数字革命带来的去中介化、虚拟化和自动化已经横扫几乎所有已知的商业模式。这只是变革的开始。社会加速转型、经济持续波动、顾客需求跌宕起伏、权力再分配由少数人向多数人转移，随着互联网聚集了越来越多的人，这些现象正在加快步伐。无论你如何看待收入不平等的问题，无论你是否相信财富正集中到越来越有限的少数人手中，本质上，财富就是权力的一种形式。一些理论家，如托马斯·皮凯蒂（Thomas Piketty）在对资本主义本身的批评中指出，今天，财富正在以史无前例的速度向更少的人手里集中。不过矛盾的是，更多的人拥有了更多选择、更多信息、更多的参与机会、更多的与志同道合者携手的能力，以及不设限的听众，愿意听取他们的个人观点和政治表达。长期来看，或许这才是更重要的。这也是权力，而且正在波及越来越多的人。

想想看，纵观人类历史，人们与更广阔的世界，以及彼此之间都被遥远的空间和时间阻隔。全球贸易及其主体在全世界建立起了联系，但是直到最近，这种联系都是缓慢、昂贵的，只有精英才能享用。很容易忘记，隔离是一种本体论的现实。

尽管全球经济相互依存的程度越来越高，但是若干世纪的隔离在牢不可破的边界内建立了一整套僵化的系统。企业价值和利润率不仅取决于供求关系，而且取决于买家能够获得什么样的信息。要诀就是以可能的最低价生产，以可能的最高价销售，这符合逻辑。因为买家不可能知道产品的真实成本，即使他有办法计算出来也无能为力。尽管定价的概念是基于"市场能够承受的水平"来决定价格，但是在供给经济的短期博弈中，价值是由生产者决定的。本质上，价值是由不透明性决定的。

当我们中越来越多的人以前所未有的方式，与其他人和其他一切实时联系在一起，会发生什么？当商业中的不透明性和隐私消失，会发生什么？在我们继续拥抱互联互通之前，有必要停下来考虑一下这种新的现实有多复杂。因为就在短短几十年里，无处不在的联系就如魔法般成为现实，而且这一变化的速度有增无减。

对于那些适应这种价值转变的企业，那些直面人们的期望、真正提供他们所需的企业（这不正是企业的全部意义所在吗），此时此刻，表面上的危机实际上正是允许我们创新、成长、创造可持续价值的最好机会。

全球的相互依存，以及在这种相互依存的背景下应运而生的价值观和期望，不是昙花一现的短暂趋势，也不是一种自由主义的政治运动，或者一套在网络上被过分热炒的脱离现实的乌托邦理想。关于企业社会角色的讨论正在成为政治热点。与此同时，企业表达愿为社会和环境做出积极贡献的承诺，不再仅仅是提升企业声誉的好办法，而被认为是一种务实重行、面向未来，而且日益紧迫的商业需要。从政治到医疗卫生，从国际政策到财政金融，人类涉足的所有领域都在越来越多地优先考虑公共利益，将其作为核心目标，并思考为了实现这一目标需要进行哪些机构改革。但企业受到的影响是最大的，同时能够产生的影响也是最大的，因为企业将从这个独一无二的转折点提供的机遇中收获良多。

这个转折点，这种朝着根植于公共利益的经济的文化转型，是一种多维的现象，包含个人动机和信仰、公共价值、技术能力、科学和生物学证据，以及全球地缘政治的困境。这种由不同业务共同驱动的转变预示着一种新的经济范式的出现，重新定义了效用、需求和利益相关者责任的概念。

这里简单谈谈企业责任（后面会有一整章讨论这个问题）。如果你跟我一样，对"责任"这个词可能有一种复杂的感觉，比如环境责任、社会责任。它显得自命不凡、高人一等，坦白说就是显得不友好。相反，让我们看看"明智"这个词，比如环境明智、社会明智。企业污染我们宝贵的水资源是不明智的；将工人和社区置于危险境地是不明智的；对顾客撒谎，即使只是隐瞒真相，也是不明智的；允许不稳定的政治冲突愈演愈烈，抑制这些地区的生产和销售也是不明智的。

从道德上，我绝不认可这个令人不安的悖论：短期内，一个人出于自己的自私（和无知）掠夺资源和剥削其他人可能是合理的——如果他是个有反社会人格或者渴望权力的政治家。但是，企业要依赖有支付能力的健康顾客、市场稳定和可持续增长，这样做显然是不理智的。投资人当然必须平衡短期和长期的利益，在持续变化的背景下寻找长期稳定和可以预期的增长的证据。因此，为了发展，长期考虑终将占据上风，而且不会损害短期利润和企业的生存能力。但这不只是投资人的事。在企业内部，长期生存能力的优先级越来越高。例如，联合利华的部分业务要依赖可持续的鱼类资源，因此，企业与世界自然基金会（World Wide Fund for Nature, WWF）成为合作伙伴，以确保旨在保护这一自然资源（必须承认，也是保护企业资源）的可持续生产标准得以贯彻实施。

一个互联的世界是更加智慧的世界，一个更加智慧的世界拥有无穷的可能性。随着我们当中越来越多的人与其他人、信息和周遭的现实——既富于挑战又充满希望的现实——更加紧密地联系在一起，我们越来越认识到自己对世界的影响。随着时间的推移，这种认识已经转化为行动。我们知道不能继续放任自流。我们共享一个越来越拥挤的地球，要维持和延续我们现在的生活方式，地球面临的压力将越来越大。我们知道我们不能再像以前那样工作和生活。那样做是不可持续的，也是不明智的。所以我们不会那样做。

一个实时认知和务实互惠的新时代即将来临。如果我们能够暂时抛开犬儒主义，一个近乎普遍地从恶行中攫取暴利、肆无忌惮地掠夺人类和自然资源的时代总有一天会终结，这并不是不可想象的。归根结底，商业是由人和自然资源组成的，像过去那样从破坏中榨取利润不再是明智之举。

品牌忠诚及其价值创造不再源自通过混淆事实让人们付出更多的金钱以创造利润。企业再也不能用虚假的承诺满足虚幻的欲望，来诱使人们花钱埋单。真实和透明赢得了竞赛。我们将在第四章和第六章中看到，基于事实塑造品牌、吸引那些最有可能购买产品的人的新方法，将成为未来的核心竞争优势。

企业是驱动变革最大的受益者，因为迫于民粹运动的政府干预（例如，不满管理层薪酬的浪潮）对企业来说是非常可怕的。"护栏"是有用的，但是在那些相信自由市场的力量的人

（我就是）看来，过多的管制干预会损害企业绩效。同时，政府和公共机构在保护社区和财产权、保障个人自由方面发挥着关键作用。政府资助的创新是人类进步的重要组成部分。全世界最有价值的创新并不是纯粹诞生于私人部门的——互联网是最明显的例子，但不是唯一的例子。它们都建立在政府资助的系统和发现的基础之上。

企业可能是我们面临的诸多困境的现代代理人，也是解决这些问题的最有力的代理人。因为有价值的东西就有利可图。还有什么比为全人类创造更安全、更美好、更长久的生活更有价值的呢？还有什么比让我们的地球——宇宙中我们唯一的家园——恢复健康和活力更有价值的呢？

每个企业都想在这样的未来大显身手。事实如此。欢迎来到良心经济的时代。

Contents 目录

第九章　所见即所得

第一章

从意识到良心

星期二晚上 9 点 15 分，我正靠在一家灯光昏暗的时尚餐厅的吧台，这家餐厅坐落于伦敦富丽堂皇的金融区和蒸蒸日上的"小硅谷"之间，车水马龙的道路两旁既有创业企业，也有谷歌的办公大楼。烛光闪烁，房间里回荡着轻快的谈话声和杯盘碰撞声，还有鸡尾酒摇酒器持续不断的沙沙声。我注视着这幅情景，从新加坡到巴黎，从迪拜到纽约，同样的情景出现在全世界所有汇集了人才、资本和特权的都市中。当我试图数清听到了多少种语言、周遭人们的英语带有多少种不同的口音时，我觉得这一刻我可能身在任何地方。

正是在这时我听到了那句话，它为我十年的观察、思考和希望做了总结，清楚地表达了我为什么要写这本书。

他们坐在我左手边，隔着几张高脚凳，显然是一对情侣。女孩精心打扮，穿着小黑裙，头发绾成完美的发髻。男孩身上的职业装有些凌乱，好像开了一整天会的样子，热情而急切地说着话。他正在给她讲他的新企业。开怀大笑，身体前倾，手舞足蹈。他像个典型的青年精英一样，还不到三十岁，一表人才，充满信心，未来不可限量。怀着毁誉参半的心情，我知道他是风险投资家的宠儿，因为他的风采让他看起来能够成为下一个谢尔盖、拉里或史蒂夫。他极富个人魅力。尽管他的女朋友肯定早就见过他这样高谈阔论，她还是认真地倾听着。我也是。然后他说了这段话。

"我们又融到了将近900万美元。你知道我们为什么这么骄傲吗？因为我们不仅干得漂亮，而且我们做的是好事。"

你尽可以表示不屑一顾。（不过，既然你在读这本书，我有充分的理由相信你会认同我们的年轻人。让我们叫他YT吧。）但是这个约会话题是发自内心的。YT继续说着，骄傲地解释他的企业面临的复杂局面和挑战。根据我听到的部分，他的企业提供某种基础设施技术，能使日常的能源公用事业更加具有可持续性，并减少碳排放。如果他在这次浪漫的小插曲中（这次被他吸引的不只是那位年轻女士）描绘的东西真的能实现，那他的确干得漂亮，而且做了件好事。他满怀热忱地去做正确的事，在这个过程中收获了数百万美元的投资，再挑剔的人也很难对此愤世嫉俗、冷嘲热讽。

不过我的偷听还有更好的理由。不是因为他有什么不同寻常之处，恰恰相反，令人惊讶的是，我们"改变世界"的YT的心态再平常不过了。他是他那一代人的典型代表。理解他表现出来的这种新的心态，会为创造价值和积极变革打开新的大门。谁不希望如此呢？

举一个简单直接的例子，想想通过手机和脸书（Facebook）在解放广场发动革命的年轻人——他们可能还会这样做。想想一座座教堂里聚集的年轻群体，他们穿越半个美国，来帮助重建被飓风摧毁的城市。从战争到婚姻平等，从性别到环境，看看 Instagram、脸书、推特和 YouTube 上每一个话题下的评论。赋权和互联正在为假设和优先级重新排序。当一代人的心态这样复杂的事物开始发生大规模的转变，显然有必要加以留意。变革在社会常规、商业模式、消费者预期和政府中迅速蔓延。随便找个音乐产业的人问问看。

说回我们在酒吧遇见的年轻人。虽然看起来没什么区别，但事实上他跟他之前的那一代人（我这一代人）非常不一样。

▍今非昔比 ▍

让我们做一次有趣的时间旅行，去拜访 YT 春风得意的前辈。

场景：嬉皮风格的比萨餐吧，不过在另一个城市。假设是 1998 年的旧金山吧。同样的喧嚣：空气中弥漫着鸡尾酒摇酒器的沙沙声、嘈杂的谈话声和乐观自信的气氛。

不过谈话的内容不一样，非常不一样。"互联网""估值""IPO""退出战略"。

我们 20 世纪 90 年代末的 YT 是另一种人。我跟他一起工作过。实际上，我跟许多他那样的人一起工作过。

原始动机？很简单，发家致富，越快越好。不惜任何代价让系统跑起来，通过行权计划迅速推出，然后开开心心地拿着钱去找房地产商。当时，我跟一个典型的旧金山创业企业的人共事，我曾经建议把"互联网"这个词从企业名称中拿掉。我记得在一次谈话中，一个信心满满的同事对我说："我们最终的商业模式是什么根本不重要，在名称中保留'互联网'能提高我们的估值。"

当然，六个月后，互联网泡沫破裂了。我最终赢得了争论，但是那时我们已经失去了企业。太多创业企业梦想着像烟花一样硕然绽放，却像烟花一样转瞬即逝了。

那时候就是如此。现在的气氛不同了。

让我们再回到现在。这一次，换一个截然不同的场景。

我在索韦托，约翰内斯堡近郊的一个小镇，一些最伟大的解放者就是在这里诞生的：德斯蒙德·图图（Desmond Tutu）、纳尔逊·曼德拉（Nelson Mandela）。我跟一些同事到这里来搜集第一手资料，看看这个令人振奋又充满挑战的国家中，年轻人的生活是什么样子。图图和曼德拉的故居当然是必游景点，参观过后，为了打破沉默，我们在烈日下跟一些当地年轻人踢了一场足球赛。然后，我们面前的年轻人曼格利索（Mangaliso）带领我和同事来到了他位于小镇中心的"概念商店"。

什么是"概念商店"？这是一种零售环境，不是专门提供某一类产品，而是通过选择和呈现一系列不同类型的产品来售卖一种生活方式，所有的产品都有一个共同的主题（如果你愿意，可以称之为概念）。

在我去索韦托做调查之前，我只去过另外一个概念商店：

巴黎圣奥诺雷街上的科莱特商店（Colette）。在科莱特，展示的概念是前卫和反讽。你可以看到标价三位数的荧光 T 恤、限量版的可口可乐瓶（哑光白色！）和你在其他任何地方都找不到的香水小样（闻起来像热沥青！）。所有的东西都呈现出一种微妙的巴黎风格。我想，你可以说这种环境是精英主义的。科莱特与香奈儿的区别在于，即使一个只有牛奶钱的四年级学生在这里也能找到买得起的东西。一个魔方钥匙扣，或者一个时髦的塑料手镯。他只需要知道到哪里去买到好东西，价格不是重点。这就是概念商店，重点是要"知道"。

那么，"概念商店"在约翰内斯堡近郊一个虽小有名气但一贫如洗的小镇干什么？它究竟卖些什么？

曼格利索开始解释。他喜欢看杂志，国际化的生活方式深深地吸引着他，他还用他的苹果手机上网搜寻全世界的新鲜资讯。他从来没有离开过南非，甚至很少离开这座小镇，至少身体没有。但是他知道巴黎的科莱特，知道这家商店引领世界潮流的影响力，他也想在自己的家乡这样做。所以，他和几个朋友一起，在非洲炽热的天空下、在尘土飞扬的路边开设了自己的概念商店，虽然这里最多只能被形容为一座大棚屋。就像许多最棒的点子一样，他的商店售卖的概念可以在一件 T 恤上得到总结。

他从货架上抽出一件加大号的 T 恤递给我，上面画着一个漫画风格的绳结，还有两只手比出心形的样子。图案上方是一个非洲词汇，他说："这就是我们的一切，乌班图。"

乌班图心态

乌班图是祖鲁语，大致可以翻译成"人道待人，天下一家。"维基百科比我解释得更清楚。这么说吧，乌班图表达了一种世界观，认为我们每个人都会通过整体表现出来。我之所以成为我，是因为你的缘故。我们需要彼此，才能成为我们。我们有一种形而上学的责任，通过加入至善的人类整体，去克服种族的、部落的差异和偏见。这是我们的力量和生存的关键所在。

曼格利索向我解释这一切的方式可以用"就事论事"来形容，就好像他说的是如何为你的平板电脑下载一个应用程序。他带我浏览他的商品，从服装到丝网画，告诉我他的商店已经成为镇上年轻人的社交中心。他告诉我，他和邻居们如何举办即兴派对，他们如何鼓励镇上和外面的年轻人自己制作商品来表现乌班图，因为现在有地方可以出售这些商品了。这不只是一家商店，而且是一种社交催化剂。我猜想，假以时日，还会成为他所在社区的经济催化剂。

乌班图，这是一个大概念。实际上，这个概念已经变得更大、更重要，而且超出了南非的范畴。我们年轻的店主凭借他对全球创意市场敏锐的目光，通过 T 恤、本地杂志、滑板、帽子和派对推广这个概念，本地设计、本地制造、本地销售成为在全世界引起共鸣的产品哲学。一个伟大的品牌可能由此诞生。

我和同事想要买光整个商店，但是我们意识到这可能会影响他的使命，因此我们给他留下了大约一半的存货。现在当我写作这本书时，还在为这个决定后悔。他做的事情看起来意义深远，同时又非常嬉皮，社交媒体发挥了重要作用。他的使命可以作为他这一代人的标志。这些来自世界各地、不到 30 岁的年轻人，市场称他们为千禧年一代，他们在互联网世界中长大，只知道这个数字化的、完全互联的世界。他们认为自己不仅有力量，而且有责任去做出改变。

再来看一幅现在的快照：

我在德里认识了更多这样的千禧年一代，不过是在不同的环境中。这一次，我应邀与一些年轻人共度一个下午，他们住在德里闹市区一座没有电梯的五层公寓里。当我们在公寓楼外停下脚步，一头骨瘦如柴的奶牛悠闲地经过；狗在堆满杧果的市场摊位前睡觉；自行车、人力车、摩托车、冒烟的卡车和挤满人的小巴川流不息。德里的生活就像上满了弦的钟表。这不是一个无忧无虑的地方，令人惊讶地充满了矛盾和人情味。但是我以前听说过和从书本上读到过的一切，都没有让我为接下来的对话做好准备。

我们见到了两个朋友，拉古维什（Laghuvesh）和阿米特（Amit）。拉古维什跟家人住在这里，他把我引到一间一尘不染的起居室，只有一个荧光灯泡照明。房间只容得下两把木椅、一条长凳和一张桌子，桌子上只放得下四只茶杯。我环视破旧的墙壁，试图寻找一些能让我想起自己的起居室的熟悉的东西。这个家跟我自己的家没有丝毫相似之处。

但是微笑是全世界通用的语言，然后我们开始谈话。我特别感兴趣的是，这两个小伙子对技术和他们自己的未来做何感想——房间的主人今年20岁，他的朋友17岁。在表达了一些典型的感想（"我离不开我的手机……""我学习很忙，因为我渴望成功……"）之后，讨论转向了企业家精神——这让我非常惊讶。印度根深蒂固的种姓制度是一个等级森严的社会的标志。在并不遥远的过去，像拉古维什这样的年轻人只能从一个老牌企业或家族企业的底层做起，在他的种姓允许的范围内尽可能地往上爬。

但是拉古维什对他自己的未来另有规划。他声音不高，但是充满信心。"我要自己当老板。我要开一家企业，这样我就能为阿米特和其他朋友创造机会了。"

"为你的朋友？"我问道。

拉古维什瞥了一眼他的手机，然后抬起头，对我露出微笑。"为了我的朋友，我什么都愿意做，因为我爱他们。他们的事就是我的事。对他们有好处，就是对我自己有好处，也对我的家人有好处。我们要掌握自己的未来，共同实现这个目标。"

现在，在一个非印度人看来，拉古维什的话或许有点煽情，特别是作为一个男人。在谈到他们的朋友时，有多少20岁的美国年轻人能够泰然自若地使用"爱"这个词？印度和其他新兴市场国家会将社区的优先级置于个人之上，是值得注意的。而且在印度，精神世界与日常生活的交织比我接触过的任何其他文化都要紧密；实际上，人们通常认为印度教本身

（印度次大陆盛行的十几种传统信仰之一）与其说是一种宗教，不如说是一种生活方式和世界观。但是这不能解释拉古维什接下来说的话。"我想要改变，我相信自己能做到。我们需要为未来承担责任。我这一代人将共同实现目标。"

在这间寒酸的公寓里，我看到了信心与力量的融合。在发展中国家如雨后春笋般兴起的城市中，我也曾在其他寒酸的房间里看到过这种融合。这种社会责任、全球互联和企业家精神的结合，不再是美国西海岸大学毕业生的专属特权。

显然，这几乎已经融入了当代生活的背景之中。但是当你用心聆听，"我想要改变，因为我能做到"的话音无处不在。从伦敦的会员制夜总会到索韦托简陋的棚屋，再到德里的起居室。

改变已经发生。新的规则主宰了讨论和决定。似乎全世界都在进行深刻的自我反省。地球正在循序渐进而坚定不移地发展出良心。

四十而立

社会学家从广泛的社会变革中总结出这样一种耐人寻味的模式：大部分创意或计划从边缘走向主流，大致需要四十年时间。换句话说，从初露端倪到被社会广泛接受，一种心态或创新的成熟和传播需要的时间，跟我们人类成长到青壮年差不多，对于一种激进的新观点，可以说是"四十而立"。关于这个时间跨度，特别有意思的是，技术进步的加速并没有缩短这个周期。19 世纪需要四十年，今天仍然需要四十年。

例如，现在几乎已见不到的白炽灯泡是 1880 年发明的（这项新技术的最初应用之一是挂在圣诞树上的一串小灯泡，代替了那些危险的蜡烛，看起来是个好主意）。到了 20 世纪 20 年代，轮船等大型公共空间都装备了电线，由钨丝灯泡照明。第一台个人电脑出现在 1965 年，到 2005 年，已经很难想象没有个人电脑的生活。手机初次问世是在 1973 年，今天，已经超越个人电脑成为最重要的互联设备。互联网本身呢？它脱胎于 20 世纪 60 年代初美国政府的一个研究项目，不过成为我们不可或缺的基础设施、被命名为"互联网"是在 1974 年，今天的我们已经几乎认不出它当时的样貌了。四十年后，互联网的普及范围仍然保持三位数的增长，从商业到教育再到娱乐，现代生活中没有它未曾触及和改变的角落。

你可能会惊讶地发现，世界上仍然有 61% 的人口没有用上互联网。实际上，这个网络还非常年轻。这是因为"万维网"——我们接入互联网并与之互动的入口——是在 1990 年发明的。普通人直到 20 世纪 90 年代中期才开始上网。我们在网络的接受周期中刚刚度过了二十年，换句话说，关于普遍的、完全的互联究竟意味着什么，我们还有很多东西要学。

不过，全世界有 25 亿网民、60 亿人拥有手机，这让他们与其他人联系起来，并且越来越多地接入网络。无论怎么统计，我们互联的程度都是空前的。联系带来了知识和认知。随着数以亿计的新网民的诞生，知识和认知必将迎来更大的增长。

根据这条四十年的接受曲线，我们不妨问自己一个问题：四十年前有哪些边缘事件发生？那时候萌生了哪些趋势、信仰和技术，现在已经准备好被全世界接受、成为主流？

好吧，网络空间的概念和基础设施，与民权、妇女解放、同性恋地位和环境保护运动同步发展，并不是巧合；平权运动发生在手机出现的短短几年内，并不是巧合。20世纪60年代末、70年代初，关于人类自由的思想蓬勃发展。当时激进的进步哲学、大学校园中崇尚经验而不是理论或权威的宽松环境，以及反对既定秩序和不受欢迎政策（如越南战争）的革命氛围，共同构成了一场长期运动的开端。

最初的网络思想家也是不折不扣的嬉皮士。因为这些科学技术方面的杰出人才跟先锋思想家一样，总是向顶尖大学汇集。北加利福尼亚的很多大学拥有实力强大的工程系，20世纪60年代末、70年代初，作为回归土地、亲力亲为思潮的一部分，当地创办的《全球概览》（*Whole Earth Catalog*）应运而生，从农具选择、啤酒酿造到自己组装计算机，它为一切事物提供指南。这场自制计算机的运动催生了个人电脑产业——当然，是从阳光明媚、气候宜人的地带，也就是今天的硅谷开始的。与此同时，史蒂夫·乔布斯与他创办的伟大企业一样成为许多人的偶像（许多人认为二者是不可分割的）。赋权和技术是紧密联系的。

因此，变革的种子在四十年前的民权运动中已经种下，经过经济衰退、能源危机和全球化，后来随着个人电脑和手机的普及，以及互联网的飞速发展而日趋成熟。无处不在的连接产生了广泛的影响，不过其中最意义深远、广泛传播的是一种"势在必行的善"。这不仅仅是全球意识的加速传播，而且是一种新的全球文化、良心文化。

▌蟋蟀吉米尼、佛陀、达尔文和你 ▌

> 是的，诱惑。是那些错误的东西，当时看起来好像是正确的，不过，嗯……即使正确的东西有时候看起来也是错误的，或者错误的东西在错误的时间看起来是正确的，或者相反。明白吗？
>
> ——蟋蟀吉米尼

在我们继续之前，先提出一个警告：良心文化是那种你妈妈告诉你出于礼貌永远不要在企业里提起的话题，因为讨论良心，就不可能不涉及那些导致两极分化的话题，比如宗教、政治、金钱等——我受到的教育告诉我，永远不要跟陌生人和来吃晚餐的客人讨论这些东西。但这正是我要跟你讨论的。我会尽可能谈得轻松愉悦，以保证没有人会感到不快，离开餐桌。

在著名的动画片《木偶奇遇记》（Pinocchio）中，迪士尼把良心画成了一只活泼可爱的蟋蟀，非常聪明。良心让人感觉沉重。蟋蟀吉米尼可能是最巧妙的设计，将我们内心的是非观念用一种最可爱、最不具威胁性的吉祥物的形式表现出来。这就是吉米尼对良心的定义，我们内心的是非观念。双击良心，来看看更丰富的内涵。

让我们把第一个可能导致两极分化的难题摆到桌面上——宗教。因为关于宗教，是没有对错可言的。世界上的主要宗教（我指的是那些在全世界有大量信众的传统信仰）都以自己的方式提出良心与神性相连的观点。对于信徒，良心让一个人与一神、众神或至高力量所决定的普遍的道德责任相连。从佛教、印度教、伊斯兰教、犹太教到基督教，"善"与"恶"之间都是界限分明的。不过值得注意的是，特别是对怀疑论者和无神论者来说，即使在宗教的语境下，良心也被认定为一种人类的工具。每一种主要宗教都指出，我们每个人都有自己的良心，我们应该在做出日常的决策和选择时运用它，以保证采取"正确的行动"。

例如，在佛教中，良心是对众生慈悲为怀的方法；在天主教中，良心是"心灵的行动"；在伊斯兰教中，良心是指引我们负责任地度过人生的"实践"。换句话说，即使在宗教信仰的强制要求和道德框架中，良心也是人类自由意志的表现。实际上，良心可能是连接彼此冲突的神学理论与无神论的唯一的黏合剂，因为它是人类的天性。

良心也是社会化的，因此，它是我们这个物种的竞争优势。查尔斯·达尔文相信人类的良心是自然进化形成的，就像我们其他的生物特征一样，是一种自我保护的模式。良心保证了个体的生存，也保证了家庭和社会的生存。因为物种的社会化程度越高，物种内的个体相互依存的程度就越高。一个人的行动会影响到许多人。因此，世俗论者和科学家主张，在亿万年的过程中，人类进化出了良心，来应对我们物种内的竞争本能，从而保证了物种的生存延续。

▎良心是连接 ▎

谈到良心，无论是从绝对世俗、绝对精神，还是二者兼而有之的角度来看，有一件事情是清楚的。人类并不是生来就有良心。如果你终其一生都在单独监禁中度过，你可能永远也不会有良心。如果你周围看不到任何有良心的人，你自己的良心也会丧失。著名哲学家和社会心理学家汉娜·阿伦特（Hannah Arendt）在对纳粹战争罪行的心理学观察和分析中发现，在那个时代无论社会还是个人，良心都大规模地丧失了。实际上，集体良知的系统性破坏正是一些最黑暗的人间悲剧、大屠杀和种族灭绝发生的原因。这令人不安，却是事实：良心不是牢不可破的。在官僚机构的强大压力下，个人可以表现出更高尚的良心，也可以压抑内心的是非观念，被迫服从规则。良心需要社会，而社会也需要良心。

这是因为良心是从联系和意识中产生的。你我的良心的形成，直接取决于我们彼此联系，以及与其他人联系的程度。在进化的过程中，我们了解了我们的行为会产生什么影响。通过家长、老师，在操场上、团队中，在教堂、清真寺或庙宇中，这些影响被不断巩固。越是巩固，我们的良心就越强大。

因此，我内心的是非观念是由我生活中的联系及其结果塑造的。我之所以是我，是因为你，也是因为我们。我们的彼此联系保护了我们的良心。我们是彼此的护栏。我们越是彼此联系、相互依赖，我们的行为越是影响到其他人，其他人的反应越是反过来影响我们。我们付出什么，就收获什么。无论你叫它"业"还是"因果循环"，都是千真万确的。

我们愈发认识到，世界是多么小。那些曾经被认为是外部性的例子已经发生了改变：比如吸烟的广泛影响。我们现在知道，不仅吸烟者本人要为他们的行为承担后果，附近的人也不能幸免。我们也知道香烟中的有毒物质最终会通过丢弃的烟头扩散到水体生态系统中。企业（和政府）再也不能控制信息，向人们隐瞒使用（或制造）这类产品或执行相关政策会产生哪些影响。与以往任何时代的人们不同，我们现在不仅能够知晓地球上最遥远的角落发生了什么，而且能够通过网络实时地亲眼看到、亲耳听到发生的一切。所以，即使你在隔壁邻居的身上找不到良心，你也可以通过掌中的智能手机看到它在遥远的地方表现出来。

这里有一个重要的差别：并不是慷慨、无私、利他主义的新一代正在觉醒。事实上，良心在全世界的出现只是在不加抑制的人口增长和有限的自然资源面前，人类为了延续的务实选择。考虑到我们面临的威胁和需要解决的问题，达尔文会说这再自然不过了。我们正在形成一种全球化的良知，因为我们必须如此。而且因为越来越多的人正在与其他人分享他们自己的价值观和信仰，良心得到了进一步的巩固，并且成长壮大。这是一种螺旋式上升。

但这不仅是价值观的实时交流。良心还由于不断增长的知识而得到了强化。你的祖父母不会像你那样关心他们吃的蔬菜是在哪里、如何种植的，只要有东西摆上餐桌就行。在很大程度上，大型农业综合企业对他们没有意义，无论是积极的还是消极的，因为他们可能根本不知道它们是什么（或者可能是因为大型农业综合企业压根儿还不存在，取决于你的祖父母年龄多大）。

跟今天我们大多数人相比，前几代人对童工的伦理问题不那么敏感，部分是因为经济现实需要更多有劳动能力的人（即使非常年轻）参与工作，部分是因为对童年的概念本身有不同的理解。但是关心人类的福祉一直是我们社会属性的一部分，在世界上大多数地方，随着我们对人类发展的了解越来越多，童年作为学习和成长的生命阶段，必须得到保护的观念已经是神圣不可侵犯的，法律禁止使用童工，而且这种观念继续广泛传播开来。这是一个简单的事实：随着知识的增长，普遍共识会发生变化。快餐最初是一项奇迹，而不是造成营养不良迅速蔓延的罪魁祸首，它将妇女从厨房中解放出来，让她们可以专注于事业。就像投资于前途无量的商业构想一样，慈善事业是铁路大亨和软件巨头的游戏，这些参与者寥寥的领域没有我们其他人的一席之地。为世界另一头的某个人采取行动的能力要么属于富豪，要么属于狂热的福音派信徒。但是知识提升了我们的价值，改变了我们的行为。越来越多的人能够获得越来越多的知识，加上价值观的持续交流，意味着越来越多的人感到必须行动起来做出改变。我们可以从最微小的冲动或正义感出发，立刻采取行动。

双赢

年轻人成群结队地穿越半个国家，帮助重建被飓风摧毁的城市——因为这感觉棒极了。年轻企业家将人力资本投入来福车（Lyft）或赛德卡（Sidecar）之类的拼车创业企业，把拼车变成一件非常酷的事，来达到节约燃油、改变驾驶行为的目的——因为他们想要做出改变。汤姆布鞋（TOMS Shoes）之类的服装企业通过宣传其商业模式如何使社会受益来吸引年轻顾客——因为没有愧疚感的快乐时尚才更时尚。有追求的餐馆在菜单中标示蔬菜的本地来源——因为吃到与脚踩的土地相联系的东西让我们感觉更好。自行车道和共享自行车在巴黎无疑魅力无穷，但是在纽约呢？从阿纳海姆、塔尔萨到华盛顿，"脚踏车现象"已经在美国 30 多个城市蔓延，发展之迅猛会让你以为这个主意是美国人想出来的。跟任何创新一样，这些发展在最初都不是完美无瑕的，但是它们标志着一种通过日常生活基础设施来推动积极的社会和环境变革的意愿。

替代能源不再是嬉皮士的谈资，而是出现在所有企业董事会的日程中，因为企业只有在可持续的环境中才能兴旺发达。我们1880年的钨丝灯泡终于走到了生命的尽头，因为事实证明，节能灯不仅节约了能源，也节省了金钱——轻松地实现了双赢。

出于直觉，世界各地的人们越来越关心他们个体的行为会产生什么样的影响。我们当中越来越多的人开始理解这个难以捉摸的事实：我们实际上是一个共同体。这就是乌班图。

世界比以往更加紧密地联系在一起。个体比以往更加认识到他们行为的影响。我们当中越来越多的人相信甚至气候都会直接受到我们行为的影响。我们就液压破碎法等开采天然气的新方式是否会导致地震展开争论。我们想知道令人惊叹的互联互通是否有黑暗面——消灭隐私。我们不是怀疑末日将近的第一代人，但我们是试图用科学的方法证明我们的个体行为和日常选择可能与之有关的第一代人。

科学和技术似乎总是比我们用来自我保护的社会规范和法律进步得更快。我们是否为纳米技术、人工智能、机器人保姆或虚拟医生做好了准备？无论如何，它们正在成为现实，我们将在后面的章节中讨论这些。与此同时，大规模社会行为要比大多数组织进步得更快。

社会企业预示着一种全新的双赢商业模式。实际上，社会企业似乎即将进入全盛时期，至少围绕这个概念的舆论是这样的。社会企业的首要目标是在实现财务目标的同时使积极的社会影响最大化。与普遍的观念相反，大多数社会企业是营利性企业。20 世纪 90 年代，这个概念诞生于英国，经常性公开的统计数据显示，仅在英国，2004 年就有 68 000 家社会企业，对国民经济的贡献超过 240 亿英镑，约合 400 亿美元。

有趣的是，由于对社会企业还没有明确的法律定义，现在不可能对全球以社会和环境目标为核心的营利企业的数量做出统计。2012 年，社会企业专家本·索恩利（Ben Thornley）在《赫芬顿邮报》（*Huffington Post*）上的一篇文章中估计，根据之前线上注册的社会企业普查（Great Social Enterprise Census）的结果，这一部门很快将产生 85 000 亿美元的收入，占整个美国 GDP 的 3.5%。美国企业领导者正在研究社会企业模式，这个概念在全世界受到广泛的持续关注，因为它提出了有利可图的问题解决方案。

像对公共部门一样，良心经济也对商业世界造成了冲击。企业如何运营、如何沟通、如何营销，都被置于显微镜之下。企业声誉从未如此重要，在沟通中保持透明度成为必需。但是这些还不够。是时候重新思考我们的假设和商业模式了。任何部门都不能免于影响。正如向数字技术和数字化的商业模式转型最终改变了每一个企业门类，新兴的良心经济也将动摇整个商业世界，为其注入新的活力。道德制造和可持续采购只是良心经济学关心问题的冰山一角。随着从每一笔交易中搜集信息变得可能（而且必需），新的困境出现了。从金融交易到健康（我们将在后面的章节中探讨这个问题），随着网络渗透进日常生活的方方面面，留下数据足迹，个人数据管理和顾客隐私可能是未来最关键的问题所在。

还有很多工作要做，但是机会多么难得！

全球互联。相互依存意识。个人赋权。为了人类的生存，我们迫切需要解决问题的感觉挥之不去。从进步的 20 世纪 70 年代初到今天，经过了四十年的酝酿期。这些方面意识的发展汇聚到一起，为主流心态和价值观的大规模变革创造了条件。而这种变革正在影响你的顾客、你的选民、你的家庭、你的社区，甚至你个人的选择。

想一下，一旦掌握了良心经济的力量，你的企业、你个人的满足和福利都将发生些什么吧，更不用说你的员工、合伙人和顾客了。人类本质上是社会性的生物。为了真正的自我实现，我们需要成为比自身更广大的某件事物的一部分。跟以往任何时候相比，无论你靠什么谋生、你的生活方式如何，像我们年轻的 YT 一样，现在，你更有可能在做好事的同时做到最好。新的篇章才刚刚开始。

做好准备

世界正在从"有意识"迅速转向"凭良心行动"。你的企业怎么样？

要在良心经济中繁荣兴盛，提供什么、生产什么、如何运营、如何销售、如何与其他人交流，每家企业都需要做出改变。变革就像肌肉，用进废退。无论在企业层面还是个人层面上，不仅能在良心经济中生存下来，还能繁荣兴盛的企业都把变革视为核心竞争力。

第一步：保证你和你的企业文化为变革做好了准备。一切都要从全企业的开放心态开始。作为一家企业，你的企业认识到将会对未来成功造成影响的社会、技术、文化和环境变化了吗？出于共同的良知和直觉，你的企业知道如何去做正确的事，不仅要达到底线，而且要放眼更广阔的世界吗？你需要评估你的企业在多大程度上做好了准备，实施变革的动机有多强烈。

变革的过程——无论对于个人、群体、企业还是国家来说——是一个对话的过程。对话要开诚布公，允许说出真相，而且应该是全方位的。我不是在建议光说不练。但是没有对话就没有行动。对话创造了开放的环境，在开放的环境中才能有实验和学习，这又为进一步的对话提供了信息，促成进一步的实验、学习和应用，进展会比我们想象的更快。你可能在想，这听起来就像治病。没错。这也像训练奥林匹克代表队、拍摄故事片，或者养家糊口。

从那些让企业为在良心经济中获得成功做好准备的对话开始。这并不难，只要去做就好。从问问题开始，理想状况是从顶层开始，因为基调要从这里确定。

这里有一些问题，可以在正式或非正式的良心对话中作为参考：

· 你的组织文化更多地聚焦于内部还是外部？

· 你的组织有过适应外部变革的成功经验吗？

· 你会从自己的行业之外寻找线索、创意和灵感吗？还是只看到与直接竞争对手之间的关联？

· 有没有尝试改变的紧迫感？你的组织如何看待承担风险和失败？

· 你的组织是积极前瞻、疲于应对当前的要务，还是坐享过去的辉煌？

· 在企业的雷达屏幕上，有没有在积极的环境和社会影响与利润之间保持平衡的重要性？你将其托付给了企业社会责任（CSR）部门，还是嵌入每个人的日常意识当中？

通过向你的董事会、你的同事、你的团队、你的老板，甚至你的合伙人和顾客询问这些问题，你自然而然地提出了变革的可能性，并邀请他们参与企业发展的集体行动。上述问题没有正确答案。它们是催化剂，目的是改变企业的心态。通过这样做，你开始培育组织自己的良心。

一旦人们认可通过做好事做到最好的可能性，情感动机——从事有意义的工作带来的个人满足感、成为一个更加美好的新世界的一部分带来的兴奋感——就会接手，驱动整个企业的热情和动力。你可以把这种动力导向一系列全企业的行动，同时从情绪上激励员工，使企业运营最优化，适应新兴的商业环境。一种由更高的目标感驱动的持续变革很可能随之而来。

最后，良心经济势不可当的崛起是一种大规模的理性利己主义现象。现在，我们当中越来越多的人比以往任何时候更想做好事，因为这也是为了我们自己好。觉悟带来了良知。意识正在转化为行动，因为现在，我们已经不可能对各方面情况的紧迫性视而不见，一切都在网上。我们被一声震耳欲聋的闹铃惊醒了。

第二章

闹铃

去年夏天，我回故乡新泽西探望父母。早些时候，新泽西州沿海地区受到飓风桑迪的重创，造成了约 680 亿美元损失。传奇的新泽西海岸，成千上万主要依赖海滩旅游经济的家庭和企业遭遇了毁灭性的打击。几个月后，新泽西开始重建。

我想看看重建的进展。我们开车穿城而过，由桥上跨过一条小河，来到锡布赖特的沿岸沙滩，这里是在飓风中受到海浪冲击的众多城镇之一。城中许多民宅和企业仍然被木板围住，海滨地区一些我从小就认识的建筑已经被卷入海中。它们就这样消失了。

不管怎样，在从陆地到沙滩的桥上，车辆移动慢得像蜗牛。我父亲解释了原因。"消防局在搞募捐，支持本地海滩的重建。"我看着那些穿着荧光背心的志愿者，看着每一个司机善意的捐赠。我不禁注意到每一个司机恰好都开着高油耗的SUV。

当然，我承认，没有证据表明开 SUV 导致了飓风。自然灾害的发生不是任何人的错。这正是保险行业把发生这样的灾难性事件归咎于"不可抗力"的原因。我也承认，人类活动是导致气候急剧变化的重要原因的论调属于我自己的餐桌怀疑主义黑历史。但是必须指出，有越来越多的证据表明，化石燃料消耗加剧了气候变暖，气候变暖导致海平面上升，最终将淹没这些开着高排量汽车的善意的驾驶者捐出多余的钞票试图拯救的这片海岸，而且比任何人愿意承认的还要快。

二者在一定程度上存在因果关系，即使关系不大。

有趣的是，我们能够如此轻而易举地忽视我们的个人选择如何影响近在眼前的事物，即使影响不大。在这个例子中，是正在消失的价值连城的海岸线。不过，人们越来越意识到我们的气候正在发生变化，可能对我们的生活造成严重的威胁。白宫甚至就这个问题的成本给出了一个数字，称2012年这个有历史记录以来最温暖的年份，气候变化让美国经济损失了1 000亿美元。

我想起了跟托德（Todd）的一次谈话。托德是一个能说会道的年轻作家和木匠，来自缅因州，现在在巴塞罗那的一家自行车专卖店工作。他的店既令人赞叹又有点不知所谓，这位留胡子的年轻企业家一边用可持续采购的竹子制造自行车，一边冲泡有机的手工咖啡。我们谈到了他认为未来会朝哪个方向发展。当我告诉他我的写作计划时，他说："问题在于代理。我们每个人真的能够影响更大的系统吗？我们有代理吗？"这听起来几乎是犬儒主义，来自千禧年一代的一个思虑周到的成员。无论他认为自己能否对未来产生影响，仍然选择了高度本地化、环境友好、有助于社会进步的工作和生活方式。他关于代理的问题让我很感兴趣，因为有证据显示，越来越多的人选择像他们能够并且将会对系统产生影响那样行动。

持续变革是世界的基调。不过即使有机会，我们也不一定能够把握，通常是因为我们感觉自己无能为力。

直到某一时刻，证据多得让我们再也不能回避为止。就像是酒鬼已经喝到瓶子见底。现在我们已经到达了那个时刻。自从我们第一次直立行走、扔石头来保护自己或是获得晚餐开始，在我们的进化过程中，所有的人类努力和技术进步已经到了一个决定未来的时刻——不可逆转的社会进步和技术创新汇合了。与人类曾经面临的任何时刻都不一样，一声响亮的闹铃颠覆了我们原来的优先级。用了四十年时间从边缘走到主流，这声闹铃是良心经济最后的催化剂。

大汇合

良心经济为什么没有从 1948 年劫后余生的世界的废墟中兴起？毕竟，全世界的人们要么亲身经历，要么从新闻画面中看到了无法用语言形容的残暴，国破家亡，企业破产。他们为了共同的目标联合起来并且获得了胜利。或者 20 世纪 60 年代怎么样？一个如此充满希望、躁动和自由的时代。或者 20 世纪 90 年代？一个贪婪的时代刚刚过去，互联网诞生并普及，经济衰退，人们纷纷自省。现在有什么不同？为什么是现在？

当然，之前的社会重建和广泛的经济结构转型时代无疑为当前的大规模公益运动奠定了基础。但是此时此刻，当我在屏幕上敲出这些文字、当你阅读它们时，在同等程度上既阴云密布又充满希望。曾经的科幻已经成为科学。更准确地说，已经成为头条新闻。

显而易见，今天已经截然不同的不是一件事物，而是许多事物的集合。地球人口的规模和增长率。全球人权运动的稳步（以及成功）发展。环境的变化。但是其中导致良心经济兴起的、最大的不同是技术，特别是互联技术。技术既是文明闹铃的催化剂，也是它的内容。在正确的人手中，技术赋予我们知识和权力。在错误的人手中，技术让我们身陷险境。

我将我们现在正在经历的一切称为大汇合。各种不同的驱动力量汇集到一起，将我们引向变革的临界点，这场变革可能惊天动地。让我们快速浏览一些已经从边缘进入公众意识的最重要的变革驱动力，排名不分先后。

脆弱的环境

以前，爱护环境只是边缘话题，而现在，二年级的小学生看到一个成年人不分类扔垃圾时都会出声制止。"不许乱扔，这对环境有害。"一系列自然事件的发生，无论是否是由人类活动导致的，都提出了关于未来的大问题。这让我们越来越认识到我们的自然生态系统是多么脆弱，而我们对维护它负有怎样的责任。枯竭的油气田、干涸的河床、超级风暴、剧烈的气候波动、消融的冰川、上升的海平面：可持续性不再是左翼环保主义者的领域。

　　环保宣传已经变得职业化和标准化，作为一个概念，像自由本身一样无处不在，甚至被滥用了。超市货架上充斥着昂贵的"绿色"产品。酒店要求我们"节约用水"（意思是：节省洗衣费用）。在旧金山这样的城市，使用塑料袋是不合法的。现在的情况是：无论最近的反常天气事件大爆发是不是我们造成的，我们不再仅仅把它当成反常天气事件来讨论。当一场超级风暴席卷海岸或者暴风雪来袭时，我们在存放饮用水和电池的收银台前排队时，我们开始质疑自己在气候变化中起的作用。无论是否能够证实，我们正在改变宇宙中唯一已知的可居住星球的概念已经深入人心。因为可能真的是这么回事。

　　稀缺的资源

　　自然资源不是无限的。根据新闻报道，即将面临短缺的敏感资源可能是能源，可能是食品，可能是水，也可能是铜。我们知道的是，我们还没有找到一种方法，让我们赖以生存、工作和繁荣发展的基本资源可以自我持续。与此同时，分配通常是我们今天面临的最大挑战。这不是什么新闻。资源的稀缺性正在影响到越来越多的人，包括那些之前相信自己已经超越了这个阶段、过上了取之不尽用之不竭的富裕生活的人。想想黄金之州加利福尼亚的公民，想想他们遭遇的旱灾、山火和灯火管制。资源稀缺性是地缘政治冲突的主要原因之一（如果不是唯一的主要原因的话）。即使暖气能让我们住上温暖的房子，也没有人希望在自己家后院用液压破碎法开采天然气。每个人、每家企业的生存都依赖自然资源。

基因工程

人类修补基因由来已久。我父母的马耳他梗犬吉吉就是四百年前先进基因工程的可爱产物。但是现在，我们实际上在给基因重新编码，显然是把构成生命本身的基础当成了一套可以重新混合和组装的零件，基因游戏的可爱之处已经消失殆尽。农业是第一战场。在整个欧洲，对转基因作物的全面抵制被写入了法律。你可能以为，这是因为囿于传统的欧洲人一想到他们吃的番茄是在实验室里做出来的就不寒而栗。实际上并不是这么回事。这是因为没有人知道转基因作物与原生生态系统之间不可控制而又不可避免的相互作用会产生什么后果。但是已经太晚了。

郑重声明，我不是基因勒德分子；实际上，从提高食品供应稳定性、增强营养和防御疾病，到有效的数据存储和身份管理，大量的善行都得益于基因修补技术带来的创新。但是这条路的下一步是什么？人体克隆在所难免，一开始可能以治疗疾病和器官移植为名义；创造部分的人类将是符合逻辑的下一步。基于公众的道德义愤禁止克隆人也没有用，秘密已经泄露了。如果存在市场需求，或者出现某种捍卫克隆的人道主义观点，那么为什么不会有某个人、在某个地方把它变成现实？正如大规模杀伤性武器的发明一样，我们不能简单地消除某些人类发现和发展，无论它们看起来多么道德败坏。如果我们能够打碎基因，我们就能修改基因。归根结底，基因也是一种密码，跟其他的密码一样。试试搜索生物黑客，他们已经存在了。

网络化战争

在地缘和城市斗争中，致命冲突持续爆发。但是过去三十中，我们看到越来越多的战争通过在远离紧张局势源头的地运行的恐怖组织网络进行。各地针对平民的恐怖袭击实际上斗前线搬到了全球每个角落。到目前为止，这是一种失败略，但是网络化战争带来的一种意料之外的结果是思想和观之战无处不在，我们当中越来越多的人意识到，作为一个争难民的女孩的人生将多么艰难。

此同时，网络化战争比之前的形式更高效，也更少暴力分。年复一年，尽管冲突在持续，但是战争造成的死亡人越来越少。哈佛大学的心理学家斯蒂芬·平克（Steven Pink）在他的《人性中的善良天使：暴力为什么会减少》（ *The tter Angels of Our Nature：Why Violence Has Declined* ）一书指出，冲突造成的死亡人数百分比稳步下降。其他专家对统计据的分析也支持他的发现，包括前任联合国秘书长科菲·安 战略规划主管安德鲁·马克（Andrew Mack）。事实与我们的直觉相反——因为我们在网络上和新闻中看到了越来越多的暴力 这更加令人恐惧，因为暴力的发生变得更加实时公开。重点于，我们都感觉离冲突越来越近，不仅是因为不得不在机场安检时脱鞋，或者将贝鲁特的海滩度假推迟到下一季。当世界各个角落的极端恐怖势力开始行动起来，我们在伦敦地铁里也感到了一丝丝紧张。我们离前线更近了，因为到处都是前线。这就是为什么我们全都感觉不能置身事外。我们对暴力的意识可能正是它在统计上逐年减少的原因。不过必须承认：一颗核武器就足以改变一切。

医疗保健的不稳定

这里存在许多悖论。在世界上许多地方，越来越多的人比以前更健康，预期寿命稳步延长。但是同时，对医疗保健却有一种普遍的危机感。常常有报道称，由于滥用抗生素，在我们的有生之年它们就会失效。不可治愈的致命禽流感全球大爆发的威胁经常见诸报端。肥胖"流行病"在美国和英国蔓延，部分原因是贫困和深度加工（高股东回报）的快餐食品的增加——然而仅在美国，与肥胖相关的疾病每年就让国库支出高达 1 170 亿美元。在提供医疗保障的国家，社会医保系统不堪重负。在不提供的国家，关于是否应该建立社会医保系统的争论达到了白热化。争论在公共领域普遍展开。当我们的福利依赖于更加广泛的社会基础设施，医疗保健还是个人的责任吗？与此同时，人们的寿命更长，相应地需要更多的照顾。谁来负责？答案一定是政府吗？

人工智能

写这本书时，人工智能的能力还很有限，通常是令人愉快的。实际上，我们渴望更多。我们当中，谁不喜欢歌曲列表为我们选出恰到好处的歌曲呢？谁不喜欢手机上更加个人化的智能纠错呢？我们反复得到保证，工程师不可能造出一台比人类更聪明的电脑，至少下个季度不能，真让人如释重负。

与此同时，人工智能应用在搜索引擎中，帮助你找到要搜索的内容。多好。它们还用于扫描你的生活、发现你的行为和沟通模式，而且据我所知，并不是基于你作为一名消费者的行为——我参与过不少用于营销目的的数据挖掘相关决策。随着越来越多的信息甚至服务变得自动化，我们的生活已经离不开高度复杂的人工智能；我们会为其投入更多，人工智能的智商会不断提高。

谷歌工程总监雷·库兹韦尔（Ray Kurzweil）和数学家弗诺·文奇（Vernor Vinge）甚至对未来会发生什么做出了预测。库兹韦尔称之为奇点，这是一个假想的时刻，在这一刻全球电脑的计算能力终于超越了人类。日期？2017年到2045年之间的某个时间，也许不是明天。等等——2017年？我们是不是正在通往《终结者》系列电影中可怕的天网？斯派克·琼斯（Spike Jonze）导演、斯嘉丽·约翰逊（Scarlett Johansson）献声的《她》（Her）中的虚拟爱人？简直难以想象。是吗？或许我该回头再看看我的Spotify歌曲列表。

隐私的消失

无处不在的数字互联是一种生活方式，其至被我们当中的许多人当作一项人权。但是隐私怎么办？机场方便的免费WiFi？忘了美国国家安全局在德国监听民众掀起的轩然大波了？其至以公正著称的加拿大，最近也曝出利用机场WiFi从旅客的智能手机和笔记本电脑中收集信息。

如果隐私能够像黑胶唱盘、自行车和理发店一样在下一代人中回归，当然是最好的。但是现在，他们其至不能理解隐私曾经是什么。随着我们做的每件事情都变得数字化和情境化，我们在身后留下了一串足迹，进入可检索的大数据，永远不能磨灭。这些足迹会将我们引向何处？

几个月前，我对一个年轻同事提到了我对隐私消失的担忧。她的反应很有意思，而且在她所属的群体中并非个例。"我不介意，"她说，"因为我从来没有做过什么违法的事。"这是一个非常有思想的年轻女性，受过良好教育，成功，进步。但是她逻辑中的盲点发人深省，充分说明了新一代能够接受他们所做的一切都可以被追踪，愿意为了方便牺牲隐私。但是如果她生活在一个认为婚前性行为非法的地方呢？她对隐私的感觉可能就不一样了。

这位年轻同事对我提出的问题的反应似乎支持市场研究者普遍持有的"千禧年一代不在乎隐私"的观点。但是深入调查他们的价值观，会发现一幅更加复杂的画面。新一代的成员愿意，其至渴望将他们的需要和行为公之于世，只要他们能够从交换中获益。但是在增进公民自由的努力中，下一代是最活跃的，支持同性婚姻的高比例就是证明。与此同时，当他们得知他们的公民自由受到侵犯时也是最愤怒的。揭发了美国国安局丑闻的爱德华·斯诺登（Edward Snowden）就用行动证明了千禧年一代的价值观。本书写作时他仍然在潜逃中，讽刺的是，他逃往了莫斯科。

全方位互联真的很方便，越来越成为必需，也因为其成瘾性而饱受争议。退出是很困难的。点对点网络还没有足够的覆盖率，因此我们选择放弃日常隐私，但这是一桩令人不安的交易。我们的个人信息可能被利用，掉过头来伤害我们。许多人开始要求用点对点网络取代传统网络，尽管这种解决方案可能也只是昙花一现。Snapchat 是拥抱个人隐私的先行者。但是如果我们想避免个人隐私的系统漏洞，老一代对系统的不信任可能是打头阵所需的催化剂。坚持以人为本，而不是以企业为本的身份管理准则，是最符合企业（和每个人）的利益的。

纳米技术

过去四十多年来，预言计算能力将持续小型化的摩尔定律一直在发挥作用。技术还能有多小（也就是说，多看不见）？电路已经可以在分子尺度上制造。我们正在让自然和技术之间的边界变得模糊。有些人会说这个边界已经消除了。当技术——特别是传感器技术——可以被嵌入每个人和一切事物，我们将创造什么样的世界？相互连接的数据源的技术天堂？过度依赖技术上的互联，以至于如果有什么东西出了故障，人类社会就无法运转？当技术嵌入我们的身体，我们还是人类吗？我们将成为超人吗？

传感器革命

传感器是下一波创新大潮的基础。传感器本身不是新技术，它们的连通性才是。正如我在关于智能手机的未来的主题演讲中经常说的，镜头不只是用来拍照片的。它是眼睛，能看到你到哪儿去、跟谁在一起，看到天气、光照和交通状况。麦克风不只是用来传送声音的。它是耳朵，能感知你所有的听觉信息。

但这些还只是开始。接下来是 GPS，了解并定出我们的位置。正如我们自己的五种感官（或者六种，取决于你相信什么）帮助我们了解和应对世界一样，传感器将帮助企业和政府了解和应对我们。因为我们将生活在一种传感器越来越多、越来越互联的日常环境中。它们将充满我们的家，进入我们的口袋，绕在我们的手腕上，嵌入我们的鞋子，密布在汽车的里里外外。实际上，正在建设中的物联网主要就是由传感器组成的。它们为新体验开创了难以想象的可能性，既有光明的也有黑暗的。因为这意味着你所做的一切都为人所知，有迹可循。包括你的个人生物特征。

量化自我

今天，你选择手机是因为系统平台支持你喜欢的应用程序，因为有个好相机镜头，因为它能够与你的其他技术装备无缝对接。但是在不远的将来，我们选择手机，将是因为它能帮我们活得更健康、更长久。手机将监控并帮助我们保持健康。今天的技术研发日程、招聘条件、收购和专利布局都清楚地指出，量化自我将成为未来创新的重要来源。

像耐克的能量腕带（FuelBand）或卓棒（Jawbone）的UP24 手环之类的可穿戴设备，已经可以将我们的健康水平和更多信息记录下来并上传到云端，跨多种设备地鼓励我们更有效率地锻炼。这些是传感器技术的呼声很高的良性应用案例。

与此同时，医疗保健提供者的经济压力将促使医疗保健系统的许多方面数字化、移动化和虚拟化。例如，今天许多检查诊断过程是用化学方法完成的——换句话说，你的尿样或血样需要加入某种化学添加剂，来识别特定的标记。但是现在，越来越多的检查系统是靠光学方法完成的。这些创新能够减少对物理实验室的依赖以及相关的费用，并使准确的虚拟诊断成为可能。比如对于黑色素瘤等疾病的光学识别，虚拟诊断技术已经在研发中。未来，它们还将被用于监测血糖水平等指标。

但是这些非凡的技术本身的性质就是互联的。它们要探测我们可能不想分享的东西。量化自我意味着我们都是完全赤裸的，每一次心跳都被记录和存储在云端。一位这项技术的投资人最近跟我说，什么时间、什么地点，我们吃了什么、喝了什么，甚至我们最近一次性高潮是在何时何地都一览无余。（为了满足你的好奇心，特别说明：是通过探测高度特定的心率模式和循环波动来确定的。）

你尽可以对此付之一笑，除非你生活在禁忌很多的地方。但量化自我的困境是严肃的。例如，如果一个移动传感器探测到你罹患某种癌症的可能性怎么办？这种可能性应该被视为已有的健康问题吗？写作本书时，根据《美国健康保险携带和责任法案》（HIPAA），病人不能因为已有的健康问题而被医疗保险拒保，但是如果病人隐瞒他们已知的健康状况，就会被拒保，这说明保险企业确实享有知情权。知道多少？世界上其他地方怎么办？今天的法律和伦理规范不是在如此详细的生物信息和即将实现的信息描绘的可能性中发展起来的，更不用说医疗保健和保险企业模型了。

业余公民

网络便捷的表达和传播能力——特别是移动互联网访问能力——已经在所有领域掀起了一股业余化的浪潮。表面上，这是美好和自由，但是也有黑暗的一面。

新闻业受到这一趋势的深刻影响。报纸的分类广告业务已死，还没有找到一种新的可持续的商业模式，几乎无力支持严格意义上的新闻调查。行业自律被源源不断的推特、图片、个人观点、消息灵通人士的博客、YouTube 视频和其他"民主"来源的内容所取代——经过红板报（Flipboard）读者的混搭或个性化整合。表面上，这也是一件好事。每个人都能发出自己的声音。有什么不对?

另外,新闻调查是一项需要多年磨砺的技能。新闻调查是像《费城问询者报》(*The Philadelphia Inquirer*)这样的老牌报纸赖以建立并为人称道的基础,曾经在该报担任编辑的罗伯特·罗森塔尔(Robert Rosenthal)称之为"民主的命脉",他现在是湾区一家非营利机构调查报道中心(Center for Investigative Reporting,CIR)的执行董事。这意味着不畏艰险、探索秘密、揭露真相,将光明投射到黑暗之地。正直、专业的新闻调查在自由社会中发挥着关键作用,这就是为什么在每一种重视个人自由的文化中,新闻自由都神圣不可侵犯的原因。在他暗黑风格、没有窗户的办公室里喝咖啡时,罗森塔尔告诉我,即使出于善意的目的,"大多数业余者没有接受过训练,也没有掌握真正的调查和报道技巧"。

对新一代来说,业余者的声音和图像与专业人员的同样有效。但是通常,业余者只分享他们眼前或他们关心的东西。(传统媒体之外的)人们庆祝新闻业的"民主化"。因此,这里有一个看似无关却有关的问题:你希望你孩子的健康掌握在"平民医疗提供者"还是训练有素的儿科医生手中?

职业暂留

企业内部人才升职当上顶层管理者的日子屈指可数了,因为在可以预见的未来,稳定的内部人才将成为濒危物种。新一代雇员对雇主没有忠诚,在他们的职业生涯中可能不仅要换好几次雇主，还会换好几种职业。西班牙等国长期的大规模失业造就了愤世嫉俗、不屑加入企业的一代人，他们靠社会服务谋生，却掌握大量知识和信息，因为许多人将业余时间用来接受教育。

千禧年一代面临的不确定性催生了一种深层次的动机，与过去几十年里驱动企业发展的员工动机大相径庭。尽管许多人雄心勃勃、自视甚高，但他们也习惯了在经济上依赖其他人（父母、朋友、政府）。他们可以为你工作，只要你向他们证明他们能够从中有所收获。如果发现了新机会，最有才干的人不会停留在原地。不仅是因为他们的注意力持续时间很短（这也是事实和原因之一），而且因为他们不相信稳定的工作。他们相信自己。

年轻人认为他们不可能找到持续、稳定、赚钱的工作，这种持续的不稳定性衍生出的结果之一是希望找到有意义的工作。伦敦的一位招聘主管和营销教育者谢琳·沙克尔（Sherilyn Shackell）最近告诉我，她认为有意义的组织将面临"下一次人才流失"。我问她是什么意思，她说："几年前，每个人都想加入科技创业企业。今天，我看到人们为了加入有社会影响力但是没那么赚钱的组织而激烈竞争。他们想把所有的时间都用在为别人做好事上。工作就是生活，他们希望生活得有意义。"

如何主义

除了如何花费时间，人们也在他们购买的东西中寻找意义。由于信息获取的便利性，人们开始越来越理解每一件生产或种植出来的产品不仅包括原材料，还包括生产过程。一种产品、服务或食品是在哪里、如何生产出来的对人们有着前所未有的意义，因为这些已经出现在雷达屏幕上了。

自由放牧、零残忍、零奴役、有机、零冲突、雨林联盟认证、公平贸易认证之类的认证和标签越来越多，人们也越来越关注一种产品或食品是如何生产的。尽管这些指标一开始是满足某个细分市场需求的手段，但是基于这些指标选择产品的群体正在迅速增长，而且越来越忠诚。消费者倾向于购买他们信任的企业的产品，而人性化、健康、安全的生产过程是值得信任的最可靠的标志。与此同时，"碳足迹"和"食物里程"之类的概念已经成为讨论和改进企业社会和生态影响的主流标准。甚至政治倾向和企业高管的捐赠情况等因素也被纳入"我该不该买这件东西"的衡量等式中。

新反资本主义

新一代对资本主义基本原则的大规模抵制赫然成为一种非常真实的可能性。问问你的孩子是怎么想的。例如，占领华尔街运动不只是一个边缘群体对高管的成功心怀怨恨，而是对社会财富日益两极分化普遍不满的最直观表达。

关于不受管制的自由市场的驱动力，论据要多少就有多少。我们可以解释，为什么对高端人才的薪酬不加监管是完全公平的，是自由市场的核心组成部分之一。在薪酬或除了人权以外的其他任何问题上，我本人对"平等"这一概念并无好感。不过，公平是另一回事。即便如此，别误会：将不受约束的经济报酬作为绩效激励是站不住脚的，因为大众的愤怒是真实的，而且正在增长。这种不满最终以关于收入不平等的争议的形式进入了总统的议事日程，加上了正统的印记。

虽然受到很多人欢迎，但我们不太可能经历戏剧化的法国大革命式的阶级剧变。新式的断头台拥有更温柔的刀锋，但同样致命。变革的形式可能是消费支出逐渐减少（毕竟人们手里的钱减少了），共享和自己动手逐渐增加。很多人已经在能力范围内创造了他们认为更加公正公平的自给自足的新系统。好消息是，会有全球化企业帮助不满的大众做到这些，并因此繁荣发展。

替代货币

对全球金融系统的反应之一是替代货币的诞生，比特币仅仅是个开始。实际上，有人说忠诚顾客积分和旅客飞行里程就是初始的替代货币。无论如何，重要的是，对于将黑客行为和数据操纵视为理所当然的新一代来说，货币有着截然不同的意义。归根结底，金钱也是数据。围绕着金钱本身的特定效用的争论甚嚣尘上，应该说跟围绕资本主义本身效用的争论一样。对许多读者来说，这听上去有些偏激和极端主义。不要合上这本书。谁会想到，马克思主义式的点对点货币是由一群黑客的影子网络创造的，在达沃斯的全球精英当中得到严肃的讨论。

这幅场景已经公开记录在案了。

新的犯罪

可能有点出人意料的是，全世界主要城市的实体罪案总数在显著减少。但是新形式的网络犯罪在增加，包括在现实中和公众心目中。随着我们越来越依赖互联的数据，数据的价值越来越高，越来越值得窃取。身份盗用代价高昂，知识资产的盗用是企业面临的重大威胁。入侵能源网络、将整个社区或企业作为"人质"，劫持无人驾驶交通工具，拦截数据流阻断供需链——这些都是有组织犯罪财团从虚拟金融网络中榨取价值的可能情景。数据加密仍然是稳定、持续创新的关键领域。

十字路口

这些变革驱动力中的每一种都非常重要。但是汇集到一起，整体还要远远大于部分之和。如果我们任事态自由发展，不去管我们的相互依存的人类群体，不在乎给我们的子孙后代留下什么样的世界、生活和企业，那么事情可能还不会如此关乎我们所有人生活品质的提高。

不难想象下一步会如何发展。想象一个没有个人隐私的世界，关于我们的一切——我们的思想、表达和生物特征——都是互联的，朋友和敌人一样可以知道；富人拥有健康，穷人连健康也没有；难以追踪的身份盗用和新的交易形式层出不穷。

现实世界的货币与去中心化的交易形式相互竞争，后者对于缺少赚钱机会的一代人更有吸引力。气候变化的威胁可能使我们最大的金融中心沉入海平面以下，更不用说无数人的生命。讽刺的是，与此同时水资源短缺在远离河流发源地的地方导致冲突的爆发。你的知识资产和人才不可能置于竞争对手的触及范围之外。想象一个医保体系不堪重负，导致预期寿命的延长放缓、公共资金压力剧增的社会。机器人照顾和教导我们的孩子，如果他们还没有取代我们的工作岗位或者开始统治我们的话。尽管政府已经分裂成越来越小的利益群体，但是大量不满的公民联合起来，要求他们的政府对大企业加以管制。限薪令和企业发展并存。人们不再使用银行或参与广泛的经济价值创造，转而选择点对点的制造和交易。想象一个民众意见取代事实真相的世界。这个清单还可以继续罗列下去。这不是科幻。这是可能的。

不过，更有可能的是另外一个更加美好的未来，因为它也是可能的。越来越多的人认识到我们的行为——特别是有力量的大型组织的行为——会对人类的生存和延续产生什么样的影响。一个数字化赋权的社会将决定我们如何让这一切成为现实。我们知道任由人类和地球顺其自然地发展下去是不明智的，因为我们的天性是社会性的，人类从根本上有一种倾向，让彼此的生活变得更好，而不是更糟。我们从来没有过比现在更好的机会，在大规模上做到这一点。由于不可阻挡的大汇合，情形也从来没有像现在这样紧迫。

作为个人，我们可以顺其自然。不愿意面对眼前的问题也是自然的。但是，企业和企业领导者不能无视这种汇合，假设事情还能一成不变。最明智、最高效的竞争和增长战略都会直接选择上述全部变革驱动力或其中大部分。无论你是否承认，它们已经在影响你的企业。《连线》杂志的联合创始人和前任编辑路易斯·罗塞托（Louis Rossetto）的电脑上一直贴着一张便利贴，上面写着：在变化找上你之前应对变化。

那么，企业应该怎么办？

适应变革是困难的。投入大大小小的运营和文化调整需要强大的激励。在整个组织贯彻面向未来的意识，能够激发克服惯性和进行必要变革的驱动力。每个人都需要定时响起的闹铃。通过直面我们的企业所面临的变革，我们每个人更深刻地理解了这些变革，它们也开始体现在我们日常做出的战略和运营决策中。仅仅由别人告诉我们是不够的，我们需要自己看清楚要往哪里去。比起在备忘录或报告中读到，展望我们自己未来的第一手经验显然更有激励效果。

对所有读者来说，每个人都应该对展望未来的技术—社会和行为基础有所了解，这是一个明智的习惯。实际上，在一个变化如此迅速的世界中，一点点洞察力和远见是每位经理人工作的一部分。就像我们在路上开车时感受天气变化的影响一样，我们需要亲身感受那些有时候看不见、有时候似乎很遥远，实际上却对我们此时此地的行为产生影响的力量。

我也听到过倒退力量的声音。"但是我们需要应对今天销售额的减少。我们没有时间留给那些仰望星空的智者，那太奢侈了。"典型的高度聚焦的销售主管会这样想，"这就是为什么我们有战略部门，为什么他们要雇用咨询企业。我没有时间思考除了我的团队以外的任何事情。当我们有机会喘口气时，或许我们可以谈谈未来"。这种情绪是可以理解的。确实，现实的需求让谈论未来好像是一件奢侈的事。但是我在上述驱动力中描述的每件事情此时此刻都在发生。我们都已经走在这条道路上。还有知识的缺口需要弥补，越快越好。我们需要了解世界，因为我们都在其中运行。而实际上，大多数人都是在我们自己和我们的企业对世界的想象中运行的。管理非常容易变得短视，甚至技术部门也不例外（在某种意义上，技术部门尤其如此）。即便是那些看似不可阻挡的技术巨头，也随时可能跟不上时代。还记得美国在线（AOL）曾经的辉煌吗？

知识就是力量，远见就是超能力。好消息是，扩展你自己和团队的眼界，将远见的超能力用于日常决策并不困难，而且非常吸引人。这样做能在谈话中激发灵感，在会议上活跃气氛，唤醒新的解决方案。这不是一种很难培养的能力，但是与大多数领导者日常使用的能力不一样。你需要做的是架起你自己的变革驱动望远镜。

| 架起你的望远镜 |

作为一个品牌战略和企业创新人士，长期以来我的工作就是窥探不远的未来，瞄准即将到来的目标。有些人将这种技能称为"理解新生事物"。让我来告诉你：这很简单，只要你允许自己这样做。第一步就是承认这是你工作的一项基本内容。

要看到新生事物，我们只需要这样做：将我们自己的观察与我们精心磨炼的直觉结合起来。每天我们都看到周围的事物，保持开放的心态，不带预先假设。人们在私家车里做什么？在公交车上？在咖啡厅里？我们从日常生活和媒体中寻找新生事物——比如快速传播的社交媒体文化基因、新闻报道、商店、消费品、新的服务类型。然后我们要寻找模式，相似的环境、情绪或实体。当我们认为某件事情是困难的、不可能的，或者不遵循传统的商业逻辑却仍然发生了，这就是我们需要注意的标志。

我使用的"望远镜"包括一系列活动。我不仅阅读媒体，还定期从中寻找新现象和流行观点。我还询问"神谕"——这是我自己的说法，即与专家和思想领袖交谈，了解他们的思想和观点。多年以来，这些活动已经成为习惯，我学会了从行为和思想中识别模式，你也能学会。当一种新趋势或现象发生，是有"早期警报信号"的。通常，趋势会有一个中心，而我会对这种趋势能否传播到新的领域、文化或企业门类做出评估。

网络让信息的获取变得容易，不过信息可能铺天盖地。从泰德演讲（TED Talks）、《连线》杂志到不断增加的博客，网络上有海量的信息。因此，让我们从本章中列出的变革驱动力开始，选择其中几项——保证至少有一项令你兴奋，至少有一项令你困扰——花几分钟在网络上搜索它们。不要让你的助手代劳。你自己的发现才能将洞察力嵌入你的管理思想之中。在你的浏览器中保存一些书签；在你的笔记本上记录一个清单。目标：让调查新兴的变革驱动力像查询股价一样成为习惯。

架设和使用你的望远镜时，有四条基本原则：

（1）亲力亲为。你要自己去发现。浏览别人为你做好的幻灯片没有用，你很快就会忘记——假使你真的把它看完了。你和你的团队必须亲自识别新兴的变革驱动力。换句话说，不要把你的未来愿景外包给创新部门。最有效的方法是亲身感受变革的可能性。

（2）密切关联。从企业外部识别变革驱动力开始是明智的；你必须在变革驱动力与企业生态系统之间建立关联，无论是直接的还是间接的。下一步，将这种关联固定下来。简要描述为什么这与你的企业有关，一定要简洁。只要说明两件事情：这种变革驱动力——或者几种变革驱动力的组合，当然更好——对你的企业有什么好处；对你的企业有什么坏处。

（3）邀请团队参与。让团队中的每个人定期思考变革驱动力。让每个团队成员负责一种特定的变革驱动力，每个月指派一名提醒专员，或者自然产生一名。激励人们做出最明智、最相关的观察。在头脑风暴中运用变革驱动力，即使其内容是关于内部流程或运营挑战的。

（4）与日常工作相结合。自外而内地开始每一次会议，我是说字面意义上的"每一次"。为评价变革驱动力及其影响定好闹铃，在你的企业中，从董事会到周一的部门晨会，每一项日程中都不能错过这项内容，无论是积极的还是消极的。鼓励每个人都贡献自己的洞察，将其变成日常谈话内容的一部分。

通过将这些纳入常规工作，你实际上重新调整了自己的定位和企业文化，永远保持向前看，而不是向内或向后看。这个练习能让你心思敏捷，让你的团队保持活力。因为创新和大规模公益运动到来时，最大的问题通常是"为什么？"，每个人都知道答案。

你的顾客已经醒来。你的员工已经醒来。你的供应商、你在其中运营的社区也是。大汇合让我们睁开眼睛，在我们一片光明的觉醒中，一种新的文化——良心文化——正在崛起。

第三章

良心文化

零隐私威胁我们的个人自由，海平面上升威胁我们的家园，收入不平等加剧引起愤怒的浪潮，凡此种种，已经足够掀起一场革命。互联让我们更清楚地认识到自己的行为，以及我们购买其产品、为其工作和投资的企业，会对人类和地球产生什么样的影响。这反过来增强了对积极代理的需求，我们不仅在自己的行为，而且在做出的所有决策中寻找意义。这是一种清晰的变化趋势，一种大规模的公益运动，已经积蓄了四十年的动量。

现在，这场运动已经达到临界点。对社会不公和环境风险的普遍认识，与技术创新同步，催生了新的规则、预期、行为、参与和结构。驱动力的汇合重新定义了我们如何生活、互动、工作、游戏，一种新的全球文化应运而生。这种新兴的文化——良心文化——就在我们身边。实际上，我们对它已经很熟悉了。

良心文化如此深入人心，以至于有人会说它太普遍了，不足以成为一个社会学上的重要事件。但是随之而来的是新的责任和优先级的改变，这些正在持续地改变我们工作、生活、成长和衡量成功的方式。结果不仅限于一两个企业部门；实际上，每家企业无论大小，都受到了影响。这是一场划时代的文化变革。问题在于：你的企业如何在其中获得成功？

驱动新一波企业创新浪潮的价值观和假设与之前的体系截然不同。新一代领导者和经理人相信，个人和他们参与的企业，有可能驱动广泛的积极变革。在这些年轻人的成长过程中，高速互联已经成为基础设施，人人都可以使用和发布媒体信息。在他们心目中，用自己的力量去改变世界就像骑自行车一样毫不费力。

但是退一步说，从一种文化转移到另一种文化时可能会迷失方向。一种新的不同文化最复杂的一面是那些你看不到的东西，对于企业来说，这很可能导致失败。新文化不一定导致文化冲击，更糟糕的是文化盲区。

十年前我从加利福尼亚搬到了伦敦，我以为只是将我的家当搬到一个新地方，那里的人们有着迷人的口音、小口喝茶、永远彬彬有礼。像所有的美国移民一样，我假设除了这些雅致、迷人的文化特征之外，我的新邻居、同事和社区居民都和我一样——说英语，听同样的音乐，看同样的电影和电视节目。就我所知，没有理由考虑改变自己的工作方式。我的沟通、合作和领导方式通常都获得了良好的反馈。

带着这样的假设，我的行为跟在旧金山时一模一样。我还记得刚到伦敦办公室时的一次工作会议。我用典型的美国人的方式做开场白。咧嘴一笑，双拳自信地放在会议桌上，大声说："好了，伙计们，我们团结一致，一定能做到！"

如果你是英国人，或者在英国工作生活过，你肯定在做鬼脸了。如果你没有，让我来告诉你：在联合王国的文化中，你最不应该做的一件事就是用啦啦队鼓劲儿的方式开始一次工作会议。事实上，用任何与工作有关的话题开始工作会议都是不明智的。这里，在这个优雅、精致、圆融的文化中，你需要先热场。所以，你应该先谈论下个不停的雨、几次小小的挫折，甚至你的宿醉；给同事们分几块饼干，倒点茶。但是永远不要说："伙计们加油！"

那时候，在美国，我的领导风格往好了说，是啦啦队长—教练—乐观主义者；往坏了说，是高度聚焦和完美主义。但是在英国，我被视为虚伪、专横、不切实际。我一点也没有意识到，直到企业明智地派我去参加文化培训。实际上，是文化调整，这改变了一切。

事情是这样的。个人和企业面临的最复杂的局面之一就是突然置身于一种看似熟悉，实际上截然不同的文化当中。这就是为什么几十年来，跨文化理解对于全球化企业至关重要的原因。吉尔特·霍夫斯泰德（Geert Hofstede）在他的文化维度理论中阐述了文化失调问题，这个跨文化理解和沟通的理论框架是从 20 世纪六七十年代他与 IBM 企业共事的经历中产生的。他的研究分析建立了一种在多个维度上理解价值观和假设分歧的方法，从权力、不确定性到纵容，许多东西都是看不见的，隐藏在可以直接感知的行为的表面之下。

我从培训中学到的最有用的一课是由魅力非凡的导师马修·

希尔（Matthew Hill）讲授的，叫作"冰山模型"。

想象一座冰山，实际上，想象两座冰山，在海洋中缓缓地漂浮着。你能看到水面以上的部分，在北极的太阳下闪耀着白光；水面以下你看不到的部分，才是冰山的主体。

"文化就像冰山，"马修告诉我，"有些你看得见，有些你看不见，但它们都是整体的一部分。而且就像冰山一样，大部分是你无法察觉的。"无法察觉？隐藏得很深。多年积累的心照不宣的假设；塑造了这些假设的个人和集体经验；深入人心的价值观体系，无处不在，外来者却根本看不到。

英国和美国是两座独特的冰山，事实上都是世界上独一无二的。你看到的部分，即水面以上的冰山形状非常相似，相似的食物、大众媒体和兴趣爱好，惺惺相惜，互相仰慕。但是在表面之下，差别却跟任何不同文化一样巨大。即使同样的短语意思也不一样。"你还好吗？"在美国是问你是不是生病了。在英国，这个问题的意思是"你今天过得怎么样？"。实际上，英国和美国的根本区别就像美国和俄罗斯，或者美国和尼日利亚一样巨大。

当文化看起来相似，实际上内核却非常不同时，从一个国家移民到另一个国家就更加富有挑战性，如果你一开始的预期就是两种文化截然不同反倒还容易些。换句话说，因为我预计在尼日利亚的拉各斯生活会比较艰苦，所以适应起来还不是那么困难。我下意识地知道，我需要改变我的行为，控制我的音量，在开口说话之前先了解规则。因为如果我不这么做，很可能就会失败。至少会跟其他人格格不入。

这就是为什么理解如此重要。

当你环顾四周，即使身处其中，良心文化与通常的企业环境看起来也没有什么不同。最重要的变化——剧烈的、深入人心的，可能是永久性的——表面上是看不见的。或多或少，生活跟从前没什么两样，人们的行为方式大同小异。他们工作，他们购物，他们开车，他们奔波劳碌，他们去看电影。

似乎没有什么戏剧性的事情发生。真的是这样吗？2014年，一场同性恋婚礼在德国进行了直播。我都没有预料到这个。但是还有其他变革的迹象。主流超市中，包括沃尔玛和克罗格（Kroger），货架上的有机产品占据的空间显著增加。麦当劳推出了雨林联盟认证的意式咖啡。一位非洲裔美国人、奴隶的后裔，成为白宫的第一夫人。社交媒体和内容共享以指数方式增长，占据了我们越来越多的休闲（和工作）时间。一项对日常生活的深入调查为表面之下的暗流涌动提供了更多证据。让我们看看这种新文化最具标志性的几个方面。我把它们分为三个大类：信仰、预期和参与者。阅读这部分时，请用想象的尺子衡量你和你的企业与每一部分的相对位置。

良心文化的信仰

正是这些新兴的核心信仰和动机激励着人们的行为和选择——如何联系和沟通、购买什么、如何谋生。

共同的自我实现

"对我们有好处的东西对我也有好处。"新兴文化是高度以自我为中心的。但是,处于中心位置的"自我"是一个与以前不同的概念。这是一种共同的自我。我们就是我。

心理学家亚伯拉罕·马斯洛(Abraham Maslow)在他形象的人类需求层次金字塔中依据典型的西方式的逻辑,将个人的自我实现放在了塔尖。但是这个模型还漏掉了一个层次。根据这个理论,我们必须首先满足金字塔底层的需求,比如食物、住所和财产,然后才能追求更高层次的需求。有两件事情是马斯洛没有考虑到的:全球互联和相互依存的影响,以及非西方式的、更加集体化的自我导向的日益流行。

对于在社交联系中长大、沉迷社交媒体的新一代来说,"我"和"我们"之间的界线比以往更模糊。与家庭、朋友和志同道合的群体紧密交织、持续联系,产生了一种集体的"自我"感。因此,我们不只要自我实现,还要共同做到这一点。即便是个性化的解决方案——歌曲列表、服装、自行车、汽车——也建立在社交推荐和群体赞同的基础上。新的基本假设是:我希望对我有好处的东西对你也有好处。这并不意味着没有竞争或个性化的空间,远非如此。这意味着改善别人的生活与改善我们自己的生活同样重要。如果企业不仅能在宣传中迎合这种动机,而且能够提供将其付诸实践的解决方案,就一定会繁荣兴盛。拥有强烈的共同使命感的企业一定会吸引到最有才干、最忠诚的员工。

乐观主义

"我们能够创造一个更好的世界。我们就要这样做。"高速增长市场中的年轻人生气勃勃，（通常有理由）相信他们的生活质量会比他们的父母更好，未来会比过去更光明。还记得第一章中我们在德里见到的阿米特和拉古维什吗？即使在有经济衰退倾向的欧洲和美国，千禧年一代仍然相信有可能让世界更美好。

如果社会中的其他人不参与进来，乐观主义就有可能遭遇挫折，事实也是如此。因为良心文化中的核心假设就是每个人都能够而且应该致力于让所有人的生活更美好。企业对此负有特别的责任。说的就是你的企业。对于自己在一个更美好的世界中的角色，乐观主义的企业有着清晰的愿景，随时都在公开讨论这个话题，没有装腔作势的术语行话。这意味着它们的粉丝会谈论愿景，也会谈论企业本身。不一定是技术企业才能置身改变世界的文化对话的中心——实际上，如果不是技术企业会更有意思。

公平

"每个人都有权利度过精彩的一生，每个人。"在新文化中，没有比纯粹的不公更令人愤怒的了，每个人都有权利过上体面的生活。2014 年主办冬季奥运会期间，俄罗斯关于同性恋的"宣传"政策在社交媒体上掀起了轩然大波，引起了国际社会的普遍愤怒，就是一个明显的例子。这也是驱动"平等运动"（我更愿意将其重新命名为"公平运动"）的力量。新文化绝不是反对成功的（这方面的争论来自老一代，坦白说他们吃过更多的苦）。马克·扎克伯格（Mark Zuckerberg）和他的妻子登上了 2013 年《慈善纪事报》（*Chronicle of Philanthropy*）捐赠榜的榜首，他是一位英雄（也是一个恶棍）。产品和服务的定价理由透明化、制造过程和供应链的影响，以及企业为更多人的自由和赋权发挥的作用，这些领域都是在利用公平在情感上的吸引力。

福祉

"我们希望身体、心灵和精神都健康。"在良心文化中，所有的产品和服务都应该增进健康和幸福。在这种文化中，我们希望知道食品是如何生产的。从超级食品、禁食到无麦麸产品，人们报复性地创造和追求健康时尚。这里没有沙发上的土豆；三项全能、登山、音乐节和海外探险占据了主要的休闲时间。自行车是这种文化的象征。从健身到瑜伽，从冥想到参加精神和宗教社团，追求幸福占据了日程的核心。医疗保健是一种权利，而不是一种特权。你为你的员工做了什么？在这个问题上，你处在什么位置，为什么？因为你的下一波顾客会讨论这个问题。

透明化

"我们渴望知道一切，如果你不告诉我们，我们就自己去搞清楚。"这是互联网的直接后果——认为一切都应该是可以被了解、发现和看见的。作为一家企业，即使你不提供关于自己的信息，这些信息还是会被发现并公之于众——卡路里、钠和脂肪；环境和社会影响；员工政策；工厂条件。

但是透明化不仅限于分享信息，还意味着打破企业的围墙。想想开放厨房式的餐厅。一切一览无余：鼓励我们探索你的企业，就好像我们是它的一部分，因为我们的确是。展示你闪亮的生产线，让我们认识你的员工，带我们参观会议室和研发实验室。如果你已经申请了专利，为什么不让我们亲自动手试试呢？我们会帮助你把它变成我们需要的东西。让透明化成为一项日常操作程序。

真诚

"我们能看穿假象，所以请实话实说。"这是透明化的一个子集，既包括行为也包括物质。最近，一批"开司米"围巾被发现是用老鼠毛织成的，成了轰动一时的大新闻。假冒伪劣产品不是什么新鲜事，但是它们从未像现在这样无处遁形。一家真诚的企业是一家值得信任的企业。在这种文化中，信任是最高级的货币。

真诚也通过原材料成分和生产过程来体现。在食品行业中，小批量的手工生产是真诚的典范。但是只要有充分的理由来激励创新，高技术材料和大规模生产也同样真诚。看看关于透明化的前一部分。单单一种真实的原料或成分就能让人们重新认识你的价值。你的产品质量能够提升你的价值——不仅是产品的稳定性，还包括可持续性——因为从资源的角度看，计划报废在企业道德上是存在争议的。帮助顾客理解你在何处生产以及为什么，能够提升你的价值。当我们尝试去了解，连工厂里的机器人都可以是真诚的。甚至"人工风味"也可以是真诚的。参见下面关于"不羁"的部分。

不羁

"让我们闹个天翻地覆。"在新文化中，没有任何系统、商业模式或传统能够免于颠覆性的再造。一切都将被颠覆，实际上，替代能源正在寻找准备重塑的新行业。酒店？我们可以在爱彼迎（Airbnb）上租到客房；出租车？为什么不试试共享汽车呢？

与此同时，更高的政治正确是一条岔路。不羁的言论无疑更轻松愉快。这是自我赋权的标志，因为得到赋权的公民可以笑对问题。实际上，良心文化是轻松的，因为人们感觉他们能够有所作为。他们喜欢一点点顽皮；喜欢炫耀最新的文身和滑板上最近的刮痕；看 Vice 杂志。所以，不要向世界说教你的企业在保护环境方面有什么成就。一脸坏笑地让我们看到，你是如何在惹是生非的同时保护地球的。一定要从各个角度理解你自己的行业所处的位置——是遥遥领先、位居中游，还是需要未雨绸缪，因为这是不可避免的。

理智的环保主义

"如果对地球没有好处，我们就不会那样做。"不用多说了。

注意理智这个词。"责任"高高在上，与新文化并不协调。对于新一代，环保主义不是一场边缘运动，他们是伴随着环保主义长大的。企业越是对环境友好，就越符合当代潮流（也就越性感）。这不是成本中心或附带活动。今天，对我们大多数人来说，替代能源还没有成为日常生活的一部分，但是随着对持续气候变化的认识的增长，对替代能源的需求也在增长。美国能源情报署（U.S. Energy Information Administration）预计，可再生能源市场每年都将稳步增长，可再生能源已经占到了美国电力供应的12%。屋顶上铺满太阳能板是"成功的现代企业"的最佳标志；生态友好的总部是"我们关心环境"的最好证明。

在作为世界手机领导品牌的十年里，诺基亚也是可持续性的领导者。让环境友好成为你创新日程上的一项核心原则，并为其投资，你会发现更好、更低成本的原材料。宝洁公司最近就做到了这一点。坎昆的玛雅哥巴度假村通过差异化定位吸引了全世界最能一掷千金的旅行者，这些地区本来可能遭到过度开发，现在保护区湿地的生物多样性却成了金字招牌。环保主义可以成为企业的价值驱动力。

全球公民权

"我们都是更大的世界的一部分。""全球化思考，本地化行动"的老话正在被颠覆。现在，应该是"本地化思考，全球化行动"了。我们关注最近的社区，因为我们生活在这里。但是我们购买的东西表明了我们更广阔的愿景，代表我们去参与更广泛的运动。本地社区（比如布鲁克林）也开始放眼全球，这影响着餐厅、零售概念、时尚和生活方式。在高速发展中的市场，接受全球化的产品、服务和价值观是成熟和上进的标志。

为了与这种文化保持同步，企业应该采取一种综合了本地化思考和全球化行动的方式。本地知识和对本地价值体系的认同至关重要。但是如果本地价值观与更广阔、更时尚的全球信仰体系严重失调，高价值品牌会拒绝这种价值观。例如，性别歧视可不是一种美好的全球形象。与此同时，将你自己的本地知识、采购、制造、运营和人才变成你吸引力的一部分。自吹自擂也没关系！"安雅制造，帮助这位母亲供两个孩子上学吧！"

良心文化的预期

良心文化是在虚拟技术和现实世界近乎完全融合的世界中兴盛起来的。这个世界的居民是最懂技术的那些人，他们的生活中充满了创新技术，不过在他们心目中，现实和自然世界中现存的一切价值仍然高于平均值。这种文化系统性地重新发现和修复物理空间、历史悠久的传统、食物和制造过程。你可以将走在这种文化前沿的人称为嬉皮士，这样说没有错。他们相信小规模的有机种植是好的、制作奶酪是好的，黑胶唱盘有着更好的音响效果。

因此，纸质印刷的复兴不是不可想象的。自从《连线》杂志创刊，传媒界就充斥着印刷本即将终结的哀鸣。（"为什么要纸本？"二十年前总是有人这样问《连线》的创始人。"因为这仍然是高分辨率、便携、信息交互，并且不用电池的最佳传播技术。"）不可否认，许多人现在拒绝纸本，选择电子阅读，但是在我们的虚拟世界中，考虑到实物和工艺的优点，新文化重新采用纸本——或许嵌入了数字功能——作为终极交互媒介，可能只是时间问题。毕竟，纸张回收和印刷过程的回流和近岸外包，将提高印刷品的生产和分销过程的效率。

下面这些技术将使这种现实与数字体验的融合成为可能。

移动互联

"我从不停下脚步。我走到哪儿都带着它。"智能手机带给我们一种联系和运算的全新方式。云计算让数据和媒体更加便携化。多屏幕、多扬声器——不仅能看到，也能听到。我们希望将我们的内容、生产力和身份在多个设备之间共享。我们希望以多种方式实现这一点。有时候是携带，有时候是穿戴，有时候我们将所有设备都留在家里，只带一把"钥匙"，就能在任何地方访问自己的设备。

移动性的下一步？像学习、医疗、银行业务和政府职能这些基于固定地点的领域都将移动化。新硬件？汽车、公共交通、飞机座席。为什么移动性是良心文化的赋能者？因为移动性解放了人类，让我们可以进入现实世界，甚至遨游蓝天，而不离开互联的信息网络；提供了在低成本设备上获取信息和资源的方式；通过监测道路（和司机）状态提高驾驶安全性，让汽车和司机都能适应。在将手机制造部门出售给微软之后不久，诺基亚宣布拿出 1 亿美元建立基金，支持那些致力于优化车载电脑和基于位置的用户体验的创业企业，指出了智能手机以外移动创新的新领域。这里有一个更大的问题：政策（交通法规、安全标准、隐私保护等）跟得上吗？

你有没有稳健的移动战略，不仅限于购物应用程序或移动端自适应页面。因为信息的可移植性提供了一条深入每个人口袋的广告渠道——实际上，中断式的或者行动落后于意愿的营销活动注定要失败。但是移动能力能够使你在现实世界中更加接近你的顾客。平板电脑或智能手机上的虚拟现实能帮助顾客看穿墙壁（和包装），更好地理解你和你提供的产品。地图界面上基于位置的服务能够指导顾客获得他们需要的服务——充电、自动提款、洗浴——从而在品牌和顾客需要的帮助之间建立起联系。

人情联系

"我不会因为企业说它的产品好就购买。真实的人说好我才会买。"我们彼此寻求答案——查维基、推特、Instagram。我们想要个人观点、推荐、社交图谱、顾客服务、苹果的天才吧。为什么良心文化使人情联系成为可能？因为良心本身就是人性，不能用算法计算和传达。至少现在还不能。正如马尔科姆·格拉德威尔（Malcolm Gladwell）在划时代的《眨眼之间：不假思索的决断力》（*Blink*：*The Power of Thinking without*

Thinking）一书中阐明的那样，人类的直觉、情绪和经验能够有效地预测结果。我们的大脑擅长处理多种感官的输入，从面部表情到肢体语言，并将它们嵌入个人历史和经验当中。面对面仍然是最有效的沟通方式。再没有比让人们更加紧密地彼此联系更有良心的了。你的企业有多人性化？你的服务人员有多真诚、热情？你的企业能在顾客和你之间，以及他们彼此之间建立联系吗？人际接触的重要性是什么？你是在减少还是增加这种接触？

情境关联

"给我需要的一切，但是要在我需要的时间和地点。"这不是说我们正在变得贪婪或挑剔。我们的移动设备装备了 GPS和其他环境传感器，由智能互联网服务支持，能够自适应我们的位置、行为习惯和周边环境。这意味着我们有充分的理由期待企业只在我们需要的时候，提供我们需要的东西，没有混乱、中断或干扰。数据能够实时自动过滤，适应你在哪里、在做什么、跟谁在一起、你的目的是什么、别人希望从你这里得到什么。你的企业如何消除杂乱的信息，只在正确的时刻传递相关的信息？这意味着此时此刻顾客最需要信息，最有可能根据你提供的信息采取行动。

行动力

"我们不仅要知情，我们还要采取行动。"一位朋友给我讲过一个故事，他两岁的女儿第一次看到平板电视时大哭起来，因为她按了屏幕却什么也没发生。被动的"消费者"的时代结束了。新文化中的人们习惯动动手指，事情就会发生。他们创造、混搭、重制和播出他们自己的媒体资源。他们用应用程序决定下一步要做什么、要到哪里去。他们亲手烘焙，他们创办企业，他们用手机推翻政府，他们改变能够触及的一切。你的企业如何让人们更容易地改变他们的生活？你如何帮助他们创办企业、改变社区，或者创造新事物，无论是一顿晚餐、一段音乐还是一个可以帮助社区的程序？你的解决方案和沟通方式具有直接的行动力吗？

万物智能

"我们希望每件东西——我们的房子、汽车、自行车、电子设备——都能够学习，变得越来越聪明。"多年来，物联网还是一种前瞻性的概念，但是谷歌最近斥资 32 亿美元收购智能恒温器 Nest，使其成为下一波业务创新的中心。哪些类型的产品和服务可以通过智能硬件得到改进？哪些目标可以通过自身的智能化获得新的价值？

现在，所有的企业都应该为物联网制订计划。因为生产有形产品的企业应该考虑如何让产品更加智能、有用和有价值。汽车和洗碗机、冰箱这类家用电器首当其冲，但影响会波及所有方面。当顾客考虑你的产品时，智能化是与质量和价格同等重要的因素。提供服务的企业必须考虑如何利用智能化改进甚至提供服务。智能化将是新的核心功能。

匿名性

"我们希望自己决定谁能了解我们，以及他们用这些了解来做什么。"年轻人不喜欢大规模的 198X 届高中同学会，他们有脸书（实际上，脸书在数以百万计像我这样的 X 一代中年人当中也非常流行），在 Instagram 和 Snapchat 之类更新潮的平台上彼此互动。网络连通性的下一个创新前沿将是提供更多的匿名性、流动性和身份管理的个人控制。点对点解决方案、自销毁通信和生物识别登录将是新匿名性的关键要素。在解决当前的窘境时，重要的商业机会出现了：如何在提供云访问的便利的同时（新一代愿意为了积极的回报更多地暴露他们自己）消除暴露身份和侵犯公民个人自由的危害？

定制化和个性化

"我们要修改、加工、拆解、重制，总之要个性化。"这一切从开源运动开始，是开源运动的结果和延续。新的假设是每件东西都可以把玩、调整、重制、再利用、升级、修理、复制。越来越廉价、便捷的 3D 打印将开源思维引入现实世界。相互连接的生物传感器收集到的健康数据将充实我们对基因编码的认识，这意味着生物创新也注定是开源的。你的产品或服务的设计初衷有多开放或可控？它们能彻底开放到什么程度？

可共享内容

"如果不能共享，就不算物有所值。"首先是媒体——图片、音乐、歌曲、食谱，现在实物也是，我们的汽车、房子、通勤工具、办公空间，可以共享时为什么要独占呢？这种趋势暗示，所有权的概念已经开始发生变化。我们正在朝着内容和服务订阅模式和其他为共享提供便利的体系稳步前进。从"租来"的音乐和歌曲列表到房子，我们都能拿来跟别人交易，这种共享现象，以及支持它的新商业模式正在兴起。数字信息和在线身份管理确保我们拥有便携性、流动性和透明度，这是使商品、服务、空间和媒体共享成为可能的三个关键要素。各种能够使分享更容易、风险更低和更有乐趣的新的服务提供者都将获得机会。

竞争的乐趣

"娱乐我们，否则我们就自己找乐子。"上一代人即使不情愿，也普遍接受生活中的某些方面——比如工作——是没有乐趣的。痛苦是必须忍受的生活现实。但是新一代一刻也离不开即时的免费娱乐，游戏化蔓延到社会和环境问题的方方面面。为什么这是良心文化的一部分？因为当一件事情非常有趣、令人上瘾，而且更重要、更明显、更有社会竞争力时，人们就会积极参与，并且更加高调地宣传他们在其中的表现。竞争的乐趣打破了人或社区与他们并不真正想做的事情之间的障碍。了解你自己的健康状况、提升领导技能、支持社会企业家、监控小微投资——这一切都可以游戏化。报税能够成为一项令人骄傲的活动吗？你能为你的产品、服务和宣传加入更多的玩笑、幽默和激励吗？因为这样做能鼓励人们采取不仅对他们自己更有好处，对你的利润也更有好处的行动。如果一件事情是有趣的，而且可以让我们登上某个排行榜，我们就更有可能讨论它。

美即正义

"好的设计表明你关心我们。"美不是表面的，而是你生活质量的一部分。通过精巧、流畅的设计，新文化在 Snapchat 和 Instagram 上用图片说话。你的品牌和产品有风格化的时尚表达吗？你最好有风格，有表达。这意味着你的企业必须与时尚变化和视觉文化的前沿相互协调，要么特立独行，要么顺应潮流。顺便说一句，不仅是制造企业，这对服务企业也至关重要。独特的设计显示你能够优雅地解决问题；风格显示你有自己的观点。这能够吸引有才干的员工和忠诚的顾客。而且在 Instagram 上看起来也很不错——一张图片抵得上一千条推特。在良心经济中，这些考虑不是表面文章。一个更美好的世界也是一个更美丽的世界。

良心文化的参与者

良心文化的参与者队伍范围很广，而且在持续扩大，不可能列出一个完整的名单。但是他们的共同点是都以行善为使命。这里列出当下的一些重要参与者。

社会企业和孵化器

社会企业是盈利和社会影响的混血儿，据估计，社会企业对美国经济的贡献已经高达 2 000 亿美元。社会企业可以承担一些不堪重负、过度延伸的公共事业（这就是英国政府为其投资的原因）。

15 餐厅（Fifteen）是最早也是最著名的社会企业之一，由著名厨师杰米·奥利弗（Jamie Oliver）创办。这不仅是一家成功的餐厅（几年过去了，还是很难预订到座位），而且因其学徒项目而著称。用奥利弗的话说，参与项目的年轻人"面临着人生中的巨大挑战"，项目将帮助他们融入社会，获得职业技能和尊严。餐厅将全部利润捐给慈善事业，同时为杰米·奥利弗品牌旗下的营利业务增光添彩。但是这个模式的确能够获利，而且激励了新一代发挥想象力，创办以发挥积极的社会影响为核心目标的企业。（在被联合利华收购前）本 & 杰瑞（Ben & Jerry's）也被认为是社会企业的先锋，这家企业不仅将"双重底线"和社会进步的使命作为核心目标，而且通过供应链将其付诸实践。

社会企业将企业家精神的热情和能量转化为一股公益的力量。在最新一轮的社会企业产品推介会上［这些企业都在西班牙电信企业（Telefonica）颇具影响的项目中赢得了一席之地］，整个会场充满了活力。"你付出的每一美元、英镑或欧元都是一次投票,"一位年轻创业者对房间里拥挤的人群解释道,"但是我们当中大多数人都不知道我们选择了什么样的价值体系或社会、环境后果。我们的软件会揭示这一点,你可以按照自己希望的方式来投票。"他提供的是一种基于个人价值观的情境化移动决策引擎。只有良心文化才能产生这样的创新。你接触过社会企业吗?从它们身上学到了什么?你的企业有没有可能成为社会企业?

认证联盟

"不作恶的责任。"从巧克力到清洁剂,"绿色"产品倡导了这一概念:通过购买这些产品,我们将对人类和环境的伤害最小化。公平贸易认证是这些模式中比较成功的一个,企业通过接受美国公平贸易组织(Fair Trade USA)的审查,获得使用公平贸易认证标签的权利。这一认证受到广泛认可,具有良好的品牌效应,这个术语已经进入了许多人的日常用语。但是即使在我看来公平贸易模式是一个值得称道的进步,它仍然是一个经济上有瑕疵的体系。有人认为它操纵了价格,尽管是为了人道主义的目的。"碳补偿"通过资助那些精心计算、矫正错误、传递正确信息的项目,来"抵消"你的"碳足迹",但是碳补偿真的能从根本上解决它所强调的问题吗?

今天,有多种多样的可识别标签和认证标准,包括有机、零残忍和公平贸易。这些认证在不同的国家各不相同(实际上，它们所处的管制和法律环境也各不相同），值得注意的是，有些是政府强制推行的标准，有些是由认证机构自发创造的，还有一些是不具备法律上的强制责任的市场信号。这类认证仍然在增加。它们帮助品牌表明良好的意愿，消费者也被它们所吸引。不过作为良心的标志，这些认证将受到越来越详细的审查。

考虑到社交媒体的动态性和实时信息越来越容易获取，在不远的将来，可能有更多去中心化的"联盟"来对供应链和企业运营过程进行评估和认证。正如交通地图可以众包一样，让虚拟世界中的公民聚焦于共同的目标，通过物质激励让他们保持警觉，能够增进生产和交易过程的责任感和效率。

善良市场

"善良市场是购买和销售善良商品的地方。"包括在网络上和现实世界中，这些市场汇集了有良知的采购、产品制造和经验。易集网（Etsy）从线上引领了这一趋势，一直是曝光度最高的品牌之一。不过在 2013 年，易集网更新了其指导方针，淡化了"手工制作"，更加强调"独特性"，导致了大批初始供应商的离开。修订后的定义和相应的服务模式允许大规模生产的廉价进口商品在网站上推广，其中很多来自亚洲（可以想象，这些商品比易集网最初用来打造品牌的手工艺品便宜得多）。这次事件引起了有建设性的争论，为新兴的在线市场和 Zibbet、DoGoodBuyUs 和 Fashioning Change 等社区创造了机会。

Outgrow.me 融合了善良市场和众包的概念，主打众筹产品。（警告：这个网站上有太多设计巧妙、充满善意的创新产品，让人爱不释手。）

善良市场也包括致力于提供有良心的产品和服务的实体零售商，从农贸市场和小型零售商到全食超市（Whole Foods）（我忍不住要说，讽刺的是，它几乎垄断了整个善良商品类别）和人生学校（School of Life）。后者既是一个线上社区，在伦敦也有实体店，销售的是学习经验。这些经验包括与专家一起进行实地考察，以及由思想家、艺术家和哲学家主讲的泰德演讲风格的周日晨间"布道"。

你的产品怎样才有资格进入这类市场？或者，你能自己建立一个这样的市场吗？

民主化的推动者

"触手可及的影响。"过去难以进入或者仅限精英参与的领域已经面向所有人开放。我们可以通过众包和小额贷款的形式，为我们个人相信的企业家和项目提供直接的财务支持。这证明人们渴望直接发挥作用，而不是提供二手或三手的影响。从这种渴望中诞生了"节约型科技"运动，这项运动的使命是用极低成本的原材料提供计算能力。由非营利组织树莓派基金会（Raspberry Pi Foundation）开发的树莓派就是这一运动的成功产物，这是一种低成本的平板计算机，供儿童学习计算机编程使用。与此同时，像 iFixit.org 这样的在线社区预示着个体和群体越来越希望维修和再利用我们已经拥有的物品。

嵌入式慈善

"购买即帮助。"这个舞台包括现在所谓的"一对一企业",比如汤姆布鞋和 One Water。你购买一瓶水,就同时捐出一瓶水。在 One Water 的案例中,购买价格的一部分用于为撒哈拉以南非洲的村庄翻修水泵。这是一个容易为消费者理解的简单模型。你每购买一双汤姆布鞋,企业就为穷人提供一双鞋,但是有人批评这没有解决贫困的根本原因。企业迅速对汤姆眼镜(TOMS Glasses)的模式做出了调整,致力于为弱势群体视力保护提供支持和资助,而不再提供一对一的产品捐赠。

这些模式是不容易维持的,特别是在快速消费品类别中。One Water 能够在超市中立足,是因为大型零售商能将快速消费品的产品保证金压到最低,否则就不可能在提供社会效益的同时保持盈利。但是人们愿意为品牌声誉付费,大环境就是一切。星巴克引入了 One Water,因为它能够为星巴克品牌传递负责任、有良知的信息。

其他新兴的嵌入式慈善模型尝试通过激励机制,鼓励人们为社会或环境目标做出自动化的小额捐赠。例如,Mogl 是加州的一个餐厅忠诚度应用程序,自动从你的餐费中捐赠出一些来帮助那些吃不上饭的人。你收集"捐赠食物"而不是积分,因此你的捐赠数量成了一种新的"忠诚"货币。鼓励人们使用这项服务、更多地外出就餐并不困难——对服务提供者和参与的餐厅来说提供了很好的区分度，对使用者来说是小小的炫耀资本。

影响力投资和社会责任投资工具

"投资是为了公共利益，也是为了良好的回报。"影响力投资既是一种投资哲学，也是一种快速成长的金融工具。与使用负面筛选回避某些投资的社会责任投资（Socially Responsible Investing，SRI）不同，这种类型的投资采取前瞻性的方式和积极的筛选过程来解决社会和环境问题。两种类型都在增长，浏览金融和投资媒体，你很快会发现二者都很活跃，尽管有些描述参数是失真的。

这些吸引了我的目光，不过：虽然并不总能提供有竞争力的回报，这些工具还是吸引到了投资，这意味着有些投资者认为价值观比私利更重要。摩根大通企业（JP Morgan）和全球影响力投资网络（Global Impact Investment Network）的研究显示，2013年，投资集团计划为这一资产类别注入90亿美元。仅在印度，影响力投资预计将以每年30%的速度增长。《金融时报》（Financial Times）的一篇文章称，很难衡量这一资产类别的规模，但是据估计，未来十年影响力投资可能吸引高达1万亿美元的资金。社会责任投资是时代的弄潮儿；到2012年，仅在美国，这一类别的投资已经超过3.7万亿美元，而且增长还在继续。

在传统投资中，决策因素可以归结为一个简单的二元对立："你要么赚钱，要么不赚钱。"在良心经济中，这种对立变成了"你在赚钱的同时做出改变，或者赚更多的钱，将真实成本转移到其他人头上"。这是一种值得关注的进步，因为这标志着在一个特别严格、苛刻的人群中发生了动机的转变。巨额收益不再是唯一的投资动力，这意味着未来可能有不同类型的利润。例如，感情利润和时间利润。这被称为紧随风险投资之后的下一次金融革命，是创新和经济转型的重要驱动力。

媒体

"运动的声音"。《CSR 连线》（*CSR Wire*）和《企业道德》（*Business Ethics*）等行业出版物瞄准 CSR 专业人士和可持续发展专家，已经蓬勃发展了十几年。最近，GOOD.is、SHFT 和 Upworthy 等消费生活方式新媒体受到了年轻人的追捧，他们满怀热情地要用行动对世界产生积极的影响。在广泛传播良心文化思想的过程中，泰德演讲已经成为备受尊敬的论坛。主流媒体上关于良心企业和社会现象的报道也越来越多。没有哪一天我不会从新闻、媒体或网络上看到良心文化观点的表达，无论是关于可再生能源、基因工程、食品安全和保证、社会企业、道德（或不道德）的企业实践、良心消费主义、董事会多元化、传感器技术和隐私困境的故事，还是关于金融改革的争论。

榜样

"大处着眼，大声疾呼，回馈社会。"有远见的企业领导者和娱乐明星是新文化的身份、愿景和生活方式的代表。作为财富的证明，慈善事业可以追溯到好几代人之前，不过现在它真的有可能改变世界。许多我们最崇拜的偶像现在通过倡导和支持社会福利来增加声望。无论是建立基金会、创办学校、领养贝纳通（Benetton）广告中的有色人种小孩、成为联合国亲善大使，还是就人权和环境问题公开发声，这些全世界最有名的人不再仅仅是成功、财富和吸引力的象征。

演员简·方达（Jane Fonda）和保罗·纽曼（Paul Newman）可能是这种新名人的前辈。史蒂夫·乔布斯把摇滚明星推到了理想中的技术领袖的位置上。今天，劳伦·布什·劳伦（Lauren Bush Lauren）和布雷克·麦考斯基（Blake Mycoskie）等新企业家是社交媒体一代心目中的英雄，他们的企业致力于将消费者转变为原因导向的捐赠者和社群参与者。在2014年的西南偏南（South By Southwest，SXSW）大会上，70多岁的《星际迷航》（*Star Trek*）老船员、社交媒体红人乔治·武井（George Takei）参与了一次只售站票的访谈，直言不讳地谈论多元化，迷倒了无数粉丝。（观众席中有人喊道："参加竞选吧，乔治！"）对于那些关心我们的在线数据究竟发生了什么的人，饱受争议的爱德华·斯诺登是一个标志性的声音。甚至方济各教皇也精通媒体之道，用他的包容性倾向吸引了没有宗教信仰的新一代。或许，地位和名誉正以前所未有的方式与改变世界交织在一起。

职业服务和咨询

"帮助我们实现目标。"十几年来，形形色色的专业化服务不断发展，大多数是为特定目标打造的，为非营利组织提供职业战略支持、管理建议、企业再造专家建议、财务分析和营销宣传支持。现在专门知识开始朝另一个方向移动，从公共和非营利部门获得的知识越来越为营利企业所用。

这类服务提供者包括 CSR 战略代理、设计企业、可持续性咨询企业、大型管理咨询企业中的社会影响业务部门，以及环境目标运营商。

保持相关性

显然，任何企业都需要与其所处的文化环境相互关联。这意味着与文化价值观体系同步运行，满足和超越文化期待，并且成为其中的参与者。最稳健的企业不仅在文化中运行，还能驱动文化前进。通过领导下一波浪潮，你的企业能够成为其中的标志。标志性企业主导公共和顾客言论；总是出现在人们考虑的前沿。因此它们更有可能被选择，从而在各自的类别中引领市场份额。

在良心经济中，有些企业更接近永不过时的领导地位（比如全食超市在超市领域、谷歌在技术领域、汤姆布鞋在一对一领域），但是没有企业能够保证自己的位置。即使那些名列前茅的企业也有脆弱的一面。例如，对于全食超市来说，可能是定价（谁没有抱怨过它的商品"太贵了"？）和一些商业惯例；对谷歌来说，可能是隐私和垄断的问题。在追求新兴文化主导地位的竞赛中，整个良心经济的榜首位置还处于空缺中。登上榜首的唯一方法就是将新兴的信仰和期待融入你自己的企业中，同时决定你的企业能够成为哪种参与者。

新一代相信世界能够变得更美好，而且他们决心证明这一点。他们置身其中的文化是企业成功的背景，这种文化正在迅速成为主流。为了获得成功，你不仅需要用产品或解决方案的功能去吸引人，更重要的是，你的品牌必须拥有情感魅力。

第四章

品牌信仰崇拜

每种文化特征都有自己的品牌，只要你能看得出来。我曾经通过爱彼迎在西班牙租过一间公寓，然后我需要购买一瓶漂白剂。问题是：我不会说西班牙语。我扫视货架，寻找我认识的品牌——家净（Domestos）？高乐氏（Clorox）？没有。我寻找与我以前买过的漂白剂类似的包装——瓶子的形状、颜色，然而没有用。最后，我拿出我的 iPhone，搜索西班牙语的漂白剂，开始阅读标签。比起拿起熟悉的瓶子就走，整个过程花了四倍的时间。负罪感就这样产生了。我可能根本就不应该用漂白剂，而应该选择更加环境友好的商品。最后我买了一瓶最便宜的漂白剂，心神不安地走出了超市。想象每一次购买决策都需要花费这么多时间，而且对自己的购买行为如此缺乏信心，该有多么可怕。

一个没有熟悉品牌的世界就像外星球。想象一个超市中的任何产品上都没有标签，找到你需要的产品需要阅读多少文字？这就是品牌之所以存在的最简单的理由。它们还将变得比以往更加重要。

我们的大脑天生就会过滤和遗忘。据说，如果我们记得遇到的每一件事情的每一个细节，我们会发疯的。我们无法记住生活经历中的所有细节，就像我们不记得做过的每一个梦。但是我们能够记住人、面孔和身份。我们基于总体的共享经验发展出丰富的联系。我可能记不住与最好的朋友共享的每一次经验的方方面面，但是当我看到他，能感受到深厚的感情。这跟品牌是一样的。它们是总和，是一种易于识别的速记法。

品牌已经不只是价格和效用的标记，尽管这些仍然是应有之义。今天，品牌激发感觉，这是我们结合对一个特定企业的了解、经历和知道的一切做出的本能反应。品牌是确保人们与企业（或者地点、政治运动和任何部门）的情感联系的最好方法。据估计80%的决策最终是情绪化的，只有20%是理性的，因此品牌的情感魅力管理是你最重要、最能创造价值的业务过程。

这是因为良心文化的公民高调宣扬他们的价值观，而且将其装进口袋、塞进平板电脑、放入购物车、下载到智能手机里、发表在社交媒体上。他们通过选择、使用、推广和作为员工加入品牌来表达自己支持的价值观。

告诉我你最喜欢和最常用的品牌，我就能说出你是谁。苹果还是安卓？可口可乐、百事可乐还是都不喝？宝马还是雪佛兰？品牌是奇妙、高效的速记符号，能够说明一种信仰体系的丰富细节，无论我们是认同还是公开拒绝这种体系。我们选择、穿戴、使用、谈论、渴望买得起或刻意回避的品牌，都从各个方面代表了我们是谁，我们相信什么、重视什么、信任什么，以及我们希望别人如何看待我们。

"信仰体系？"你可能会扬起眉毛，"品牌不就是产品或服务的标识吗？"简而言之，答案是：是的，但一个有弹性的品牌不仅如此。在良心经济中，如果品牌不能建立起一整套鼓舞人心的相关信仰，就会失去市场中的位置。甚至漂白剂品牌也不例外。"但漂白剂就是漂白剂。"你反驳道。好吧，一个漂白剂品牌高调宣传保护地下水供给，提供更加环境友好的废弃物处置方法，使用可持续包装并且在包装和宣传文案中说明如何通过灭菌对抗疾病，其制造者通过支持一系列与健康相关的社会企业来帮助人们对抗疾病，怎么样？实际上，这就是一个参与良心文化的漂白剂品牌。

归根结底，当我们在合理的可比较的价格水平上有两个类似的选择，我们不是要在产品或服务之间做决定，而是要在品牌之间做决定。当我们做出选择，不是因为我们喜欢那个标识本身，而是因为我们认同它的价值观，以及它为建设我们理想中的世界做出的贡献。

我们喜欢某些品牌，希望别人看到我们使用这些品牌，是标识我们自己的一种方式。我们与那些喜欢同样的品牌、认同我们的信仰和价值观的人建立伙伴关系。品牌也是我们为之工作和建立职业生涯的对象。一份"好简历"不仅是你曾经扮演的角色的历史，还包括你为之工作过的品牌的质量和声誉。政党活动、社会运动、交通运输解决方案、锻炼方法——日常生活中很难想到一个没有品牌的领域。

今天，任何组织都应该将打造强大的品牌提上日程，购买选择的增加还不是唯一的原因。在做出购买决策时，一系列新的优先事项的出现更增添了其重要性。我们在掏钱之前，至少要看一眼对更广阔的世界会有什么影响。"你花的每一美元都是一次投票，"一位社会企业家这样说，他是起源项目（Project Provenance）的创始人之一，"所以，为什么不投给你相信的东西呢？"他的项目就是一个提供新产品信息透明化的网上商城。

忽略我们的行为和购买会给其他人的生活和地球带来什么后果将变得越来越困难，因为实时传递的信息让这些后果一览无余。就像类固醇产品上的标签——除了能看到"成分"，还能看到这些成分对我们有什么影响、生产过程是否符合道德、企业高管的政治倾向和捐赠历史，或者企业的农场和工厂的环境和社会影响。如果某些产品和服务以某种方式对人们不支持的问题做出贡献，就可能遭到拒绝。

当然，尽管我们拥有更多选择，可以练习的时间却少之又少。我们需要捷径。在越来越混乱、动荡的商业环境中，品牌将是我们所有人最重要的导航设备。品牌将我们的所作所为汇总起来，为每个人创造一个更美好的世界。品牌不只是我们的名片，而且定义了我们是谁，将我们理想中的世界变为现实。顾客需要你让他们看到，你的产品、服务，甚至你的运营模式中包含他们关心的东西。建立和管理一个强健的品牌从未如此重要。

简言之，要脱颖而出，你就必须坚持某些东西。要在良心经济中脱颖而出，必须将你的企业和品牌打造成新兴文化所珍视的一切的象征。实际上，品牌是你能够管理的最有力的企业资产，因为它汇总、包含和表达了关于你是谁、你将成为谁的一切。

品牌从内部开始

遗憾的是，"品牌"是商业中最被误解和误用的词汇之一。通常，人们只从外部来认识品牌，只是一层外皮，一个标志、一种色彩主题，以及营销部门的人写在文档里的传播理念。

考虑到这个术语的词源，在某种程度上，这种误解是可以原谅的。你想必知道，最初，品牌就是一层皮——确切地说，是牛皮。属于不同所有者的商业资产（牛）在草原上混在一起，必须想办法区分它们。

这个词的起源放在今天仍然适用。产品和服务在全球市场上混在一起，我们需要想办法了解它们从哪里来、属于谁、谁生产了它们、如何生产，以及为什么我们应该接纳它们进入我们的生活。

而且，我们也需要了解当我们购买、投资或者为一个品牌工作时，我们属于谁。我们不仅要获得有形资产，还要寻找精神认同。成为志趣相投的同一个品牌的粉丝群体的一员，跟成为某支球队的粉丝没有什么不同。人们和他们喜爱的品牌之间有一种强大的自我认同。在某些情况下，审慎的洞察力和感情一样有效，因为一旦我们"进入"某个品牌生态系统（比如苹果），就很难改变了。品牌是一面镜子。我们从我们购买的东西中寻找自己的价值观和梦想的映像。

今天，品牌代表着一种产品是如何生产的、其企业是如何运营和如何对待别人的。品牌甚至代表着企业与政治的关系。例如，2013 年，意大利面品牌百味来（Barilla）就遭遇了一次不愉快的事件，企业 CEO 发表了被认为是侮辱同性恋的言论，在社交媒体上引起了病毒式传播的大规模抵制。

花一点时间想想这件事，因为这十分惊人。企业高管的政治倾向——特别是被认为极端的政治倾向——能够直接影响品牌声誉，相应地对销售产生积极或消极的影响。福乐鸡（Chick-fil-A）这样的品牌和《鸭子王朝》（Duck Dynasty）之类的电视节目已经成为"良心战争"的战场，在关于当代社会问题的两极分化的观点之间，战争已经打响。

因此，强大的、有吸引力的品牌不是表皮，不是装饰。这些视觉和听觉上的可识别内容只是品牌的记号。当你的企业不能实践品牌所代表的意义，人们会看穿真相。

一个强大的品牌深深地扎根于企业内部。它更像是大脑，是组织的良知。"背离品牌"意味着错误，"符合品牌"意味着正确。如果用一个形而上学的比喻，品牌就是企业的灵魂。

或许因为在某种意义上，品牌的概念过于抽象，人们经常将其交给一个创意团队，而不是让所有人一起讨论。这样做是错误的。因为左右脑并用，将组织流程中所有的功能都用来建立和巩固品牌，是企业重申或反思其目标、未来战略和市场地位的最有效方法。

在一个以品牌为中心的企业中，每一项决策都是基于品牌的价值观、意图和志向做出的，并不是参照什么框架或指南来实现的。当品牌通过企业文化惯例被不断巩固，每个人都参与讨论并将其应用到日常工作中，它就被内化为每个员工的一部分了。借用亚当·斯密的说法，品牌能够而且应该成为企业的"看不见的手"，持续地引导创新、日常运营、协议和经营。

良心品牌

随着大众的觉醒，那些践行社会和环境友好的运营方式的品牌将成为赢家。还有什么别的理由，让沃尔玛开始在中国强制推行更加绿色的产品标准，让苹果和 NFL 在亚利桑那州走在争取同性恋权利的政治辩论的前沿？今天，最典型的良心品牌包括"善良认证"产品（例如，绿色、公平贸易、零残忍）、手工制品、道德奢侈品、道德时装、混合动力汽车，以及一对一产品。但是良心品牌也包括那些声援并将公共关系费用花在良心工作条件上的零售商。在英国，约翰·刘易斯合伙企业（John Lewis Partnership）旗下的百货企业和超市不仅被视为大企业和可靠的零售品牌，而且也被视为深受喜爱的国民机构和英国生活方式的基石。

在根植于良心的新经济中，占据支配地位的下一组品牌是什么样子？在一个做好事与成功同样重要的世界里，我们想象什么样的新品牌才能发展壮大、引领潮流？

想象一下，如果你使用的所有品牌都鼓励你以这样或那样的方式变得更好；如果你知道通过选择某种特定的产品或服务，能够参与某种体现你自己的价值观的过程。下一波领导品牌将是那些坚持在自己的运营中，以及通过我们这些购买者和使用者对人类和环境施加积极影响的品牌。

每个品牌都要做出承诺。过去，品牌承诺便利、效用、风格、速度、风味、低成本、质量工程、吸引力、幸福或奢侈等基本利益。随着时间的推移，技术进入我们生活的方方面面，品牌赋予我们更多的个人能力，比如创造力、想象力、创新力、沟通、欢乐和合作。良心品牌还将更进一步。在良心经济中，人们最重视和喜爱的品牌将会……

- 不仅让我们更聪明，而且让我们更有智慧。
- 赋予我们解决最困难挑战的能力。
- 让我们帮助其他人成长。
- 帮助我们保持身心健康。
- 保护我们的人身、财务和环境安全。
- 消除分裂和冲突。
- 让我们修理和重新制作物品。
- 保护我们不被过度曝光。
- 赋予我们让世界更美丽、更快乐、更友好的能力。
- 帮助我们节约能源和资源。
- 为分享提供便利。

· 让我们更亲近自然。

· 引导我们去往鼓舞人心的地方，遇见激发灵感的人和物。

· 深化我们之间的联系而不会危害隐私。

· 展露人性中最好的一面。

新旧原则

在良心经济中，不仅是品牌承诺这些变化。随着人们预期的改变，消费者理解和信仰的基本原则也发生了变化。在理智和情感收益的固有基础上，现在又加入了对个人能动作用、自我和社会赋权，以及积极的社会和环境影响的压倒一切的需求。

聚焦于你的产品做了什么，或者购买者有什么感觉仍然不够。现在，产品是在哪里、如何生产的同样重要。例如，你不再是随便买一杯咖啡，你买的是一杯雨林联盟认证的、有机的、小批量烘焙的、定制的南瓜拿铁，当着你的面手工制作，淋上焦糖——在麦当劳完成。咖啡豆的产地让我们感觉知情，定制化让我们感觉特别。产品背后的生产故事——无论是一杯咖啡、微酿啤酒，还是一件毛衣——或许已经成为有影响力的购物群体最看重的卖点，他们保持年轻的心态，喜欢尝试新事物，住在旧金山、多伦多、巴塞罗那或北京等引领主流的国际化大都市。

仅靠鼓动对产品的欲望是不够的，重要的是吸引人们参与某些更宏大的命题。例如，如果你是苹果企业的粉丝，你买的不只是一部 iPhone，你还加入了全世界其他 iPhone 使用者的群体，表明你是苹果崇拜者中的一员。如果罗列手机的性能和质量，iPhone 不一定是智能手机中"最好的"。其他人也用它——他们组成了一个知情者的圈子的感觉——才是真正的吸引力。

下面这份实用清单列出了新旧原则。有些改变是细微的，有些则很剧烈。对于企业来说，不仅作为营销和传播原则，而且作为整个企业价值创造的驱动力，理解和消化所有这些原则都是至关重要的。阅读这份清单时，问自己：我的企业能够传递新的品牌原则吗？

旧原则	新原则
我知道它是什么	我知道它是在哪里、如何生产的
我知道它的功能是什么	我知道它能产生多少积极的影响
我购买它是明智的	我购买它能够让世界变得不同
它让我看起来不错	它让我看起来知情
我需要它	我需要成为它的一部分
它的宣传富有幽默感	它让我分享我的幽默感
它是政治和社会中立的	它高调地代表我的观点
它能使我的生活更便利	它让我有能力改变我的生活和世界

新品牌管理

在良心经济中，品牌管理是价值创造的重要源泉，因为这是将信仰转化为行动的表现。但是每个人都有责任传递品牌价值，不只是面对顾客的员工。当这样一种核心特权被归入单一职能部门，它的效力就消失了。从承认品牌管理是每个人的职责开始，并且在企业中大力宣传这项职责。

如果这听起来像是文字游戏，想想这些：如果不能将品牌的终极理想吸收同化，战略并购团队如何扫描市场、寻找潜在顾客？如果对企业将何去何从及其原因没有感觉，工程师如何创造新的解决方案？如果不直接参与品牌构建，人力资源部门如何建立与之相协调的用人标准，在吸引人才的同时确保文化契合度？实际上，如果你的品牌不是对每个人都有意义、融合在每一名员工的日常工作和决策中，你就面临着校准的问题。幸运的是，在我的经验中，大多数人喜欢参与他们为之工作的品牌的创造、增值、进化和革新。这可能是他们工作中最令人兴奋和意义非凡的部分。我甚至认识一些软件工程师，成了他们企业最积极的宣传员。

这不是说应该解散你的品牌团队，在每个职能部门指派一名品牌管家——一位高级领导者——才是明智之举。包括供应链和物流、法务、财务、设备、人力资源，等等。最关键的是提高品牌管理人员的权限，报告关系是一种可行的方法。想想看，决策制定、产品创新、沟通、销售和市场营销都直接对品牌管理者负责；归根结底，这些都是对价值创造和传递、沟通、洞察力和前瞻力、创造力，以及与顾客互动负责的职能。

但是在你打乱组织结构图之前，从澄清战略角色和目标开始。需要对关键责任进行分配：

> ·领导和管理打造一个有意义的成功品牌的过程。
>
> ·调整关于品牌的企业行为、运营方式、战略和决策制定。
>
> ·将品牌精神转化为新产品、有效的沟通，以及一线销售策略。
>
> ·维护始终如一的、可识别的品牌标准，正确地表达企业在更广阔的市场中代表的一切。

无论你选择如何组织品牌管理工作，企业中具有不同职能、岗位角色和层级的人员都必须参与下述过程。可以向企业外部寻求帮助，对你要创造的意义进行提炼，但是内容和意义必须从内部产生。过程和结果同样重要。

将价值观和战略联系起来

啊，核心价值观。有那么多善良的初衷，那么多商业管理书籍赞美核心价值观的商业价值。以下情景是不是很熟悉？企业讲习班提出了一套核心价值观，感觉棒极了，在某种程度上总结了企业创始人的宏伟构想，于是就将其发布在企业网站的每一个页面上，有时候还会刻在企业总部的基石上，时不时地在演讲中出现。除此之外，价值观不过是一个可以勾选的项目。"使命和价值观，没错，几年前我们拓展的时候就做过了。"至于价值观本身，通常是高尚的、毫无争议的，从这个企业到那个企业都差不多。"尊重"就是比较常见的一个。"诚实"是另一个。每家银行网站上的"使命宣言"用的都是这类冠冕堂皇的词语，然而现在银行业成了最不受信任的行业。

问题在于极少有企业将价值观与品牌联系起来，更不用说战略了。但是你的品牌就是你的价值观和战略，是你的一切。而且实际上，建立这种联系是可能的，尽管看起来有点困难。

在良心经济中，建立这种联系至关重要，因为企业是在一个价值观驱动一切的文化中运行的。我不是第一个这样说的人：你的价值观需要贯穿你做的每一件事情，而不是只停留在内部网络中。我曾经供职的一家机构的首席创意官甚至将企业价值观文在手臂上，这样他就永远不会忘记了。我对热情没有意见，而他无疑相当有热情。

十五年前，我在旧金山的一家创新咨询企业工作。UPS 是我们的客户之一，请我们帮他们建立一个战略框架，将他们的传统业务和核心价值观与他们的未来愿景和战略联系起来。

为了迎接这个挑战，我和同事艾丽卡·格雷戈里（Erika Gregory）发明了一套框架和程序，我们称之为品牌宪章。从那以后，从电信业、消费电子产品制造业到专业服务业，甚至公共部门的社区团体，我在各行各业的组织中都使用过这套框架。

作为一种分类和排序工具，品牌宪章特别有效，因为它能帮助组织将企业的信仰、目标和计划等不同理念和元素组织起来。

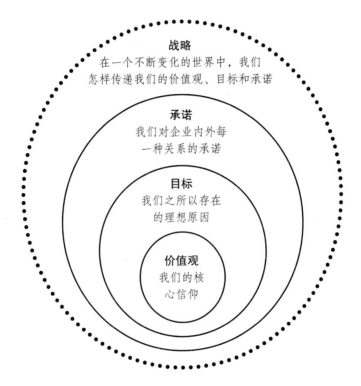

这张图建立在分层原则的基础上。想象一个球体，就像地球，地心深处有强大的引力，地表上则是蓬勃生长、彼此联系的万事万物。这个球体就是品牌整体，由一系列有意义的层级构成，有点像俄罗斯套娃，每一层都包裹和保护着里面的层级。

品牌标识的核心是组织的价值观和信仰。想象这些价值观和信仰存在于大球核心位置的一个小球中。这些东西永远不会改变，商业模式、产品线、总部、董事会——这些都会千变万化。但是这些真理存在于企业内部，是神圣不可侵犯和不证自明的，就像美国的《独立宣言》说的那样，永远不能改变。这是良心品牌建立的基础。

在核心价值观外面，球体的下一层是组织的目标。这是除了赚钱之外，你的企业存在的理由。核心价值观通常用一句话总结，不过最重要的不是一个完美的金句，而是其表明的观点。在这里，需要你展示最雄心勃勃、开天辟地的愿景，改善人们的生活，让地球的未来更美好。没有理由畏首畏尾，或者瞄准短期的现实主义。在世界上的每一个角落传播幸福；让数十亿人接受免费教育；消除疾病早期诊断的困难；消灭痛苦和磨难；延长人类的寿命；让每个新生儿的人生都享有平等的机会。

目标外面的一层是组织对与之互动的各类人群的承诺，包括员工、供应商、顾客、公民、合伙人等。通常由不超过九句话来表述——实际上也可能更多，但是最好将关系的种类限定在一个容易管理的数量之内。

球体最"外面"的一层是战略——组织内部所有层次的实际表现，即你如何兑现你的承诺。战略是整个品牌宪章面对市场和公众的层面，它随着外部运营环境而改变，突破性技术、顾客需求和其他外部因素的变化，都会带来它的改变。战略清楚地表明了你如何消除风险、把握机遇。战略是双向的，从企业内部和外部双管齐下。换句话说，虽然战略是组织对市场环境做出的反应，但同时也受到框架内部各个层级的支持和推动。战略直接向每一种关系表达企业的承诺，传递组织的目标，也是传递和实现组织价值观的方法。

但是世界一直在改变。在持续的汇合中，企业运营需要定期重新审视战略，不断总结归纳。

多年来，我在许多董事会实施过不同的框架，得出的结论是，这套特定的结构是一种非常有效的"分类"机制，能够厘清各类不同的日程和优先级。例如，如果一个团队感觉"可持续性"对组织很重要，我们可以讨论：可持续性是一项核心价值观吗？是组织的目标吗？是对关键利益相关者的承诺吗？是满足迫切需要的战略吗？我选择可持续性是有目的的，因为它经常在对话中出现，却从未在这个框架中的任何地方真正"落地"。

我要提醒你，不要落入文字的陷阱。可能要花上几个星期、几个月，甚至几年才能让人们对特定的措辞达成共识，一个词对不同的人可能意味着截然不同的东西。这种情况有时候会令我措手不及。例如，我曾经跟一个领导团队合作，他们对"进步"这个词的意思不能达成一致。在我看来，这个词毫无疑问是积极的，指的是人类的大踏步前进。但是有些高管从负面的角度看待这个词，相信它代表某种沉重缓慢的渐进主义。我要说的是，重要的事实通常是观点，而不是术语，将这些事实总结为单个术语无疑有助于记忆，但是要说明一个观点的丰富内涵、深度和特殊性，一个词往往是不够的。

把品牌讲成故事

框架对于团队讨论、组织观点是很有帮助的，尤其有利于说明相关关系。但是必须承认：框架不会让你的脉搏加速，不会改变人们的心态或行为。而故事可以做到。

这里有一个简单的练习，可以让你的团队熟悉这个概念。让每个团队成员用自己的话描述圣诞老人。我（和你）已经知道你会听到什么了。

每个故事都不一样。不同的语言，不同的故事结构。每个人的故事都是独一无二的，但是每个人都会描述同样的人物、同样的目的、同样的仪式、同样的身份特征。没有人会想不起圣诞老人的基本特征，不需要辅助记忆的设备或框架。你会听到一个简单的故事，通常点缀着来自真实生活的趣闻逸事。

接下来问他们，他们描述的这个"人"是不是真实的。又是不同的故事，同样的含义。"他是慷慨大方的神明。""孩子们需要相信魔法的时候，他是有魔法的，我们希望他们一直相信圣诞老人，越久越好。""他是一种我们共同参与的仪式的一部分，因为他给我们的家庭带来欢乐和幸福。""他当然是真实的。他就在我们所有人心中。"

圣诞老人就像一个品牌。因为品牌是一种可以识别的身份、一种信仰体系、一种人格，最重要的是，今天品牌是一系列可以识别的行为。我们知道他住在北极，他有一群制作玩具的精灵，他知道每个小孩是好孩子还是坏孩子。我们知道他胖胖的，留着白胡子，穿着配有白色毛皮的红衣服。（这是可口可乐的功劳。他看起来就像一大听可口可乐。）我们知道他怎么笑（吼吼吼），我们知道他从我们的烟囱进来，把礼物放在圣诞树下和我们的袜子里。我们知道他无所不知又善良和蔼。我们知道他是一位神明或一种概念，为了孩子们，每一个圣诞节我们都努力把他变成现实。甚至非基督徒也知道圣诞老人。到处都能看到他的形象。

一个伟大的品牌就像圣诞老人一样令人兴奋。同时，抛开宗教联系，圣诞老人的故事是一堂我称为故事管理的实物教学课。他一直在演变，然而他的名字和形象始终保持一致，不同背景、不同视角的人们都能准确地描述他。不仅是他的形象和行为，而且包括他的精神。

企业中的每个人能否背诵你的品牌宪章并不重要。重要的是，关于你的企业和品牌，他们能够用自己的语言讲述"圣诞老人的故事"。重点在于跳出用特定的语言打造品牌框架的传统技术。良心品牌管理的终极目标是让组织中的每一个人都能用自己的语言讲述企业的故事——企业坚持什么、要往哪里去，以及最重要的——为什么要这样做。人们能否讲述同样的故事，马上就能看出来。

换句话说，关于你的企业及其意义，如果每个人都能分享一个个性化的故事，同时像我们都能描述圣诞老人一样保持一致，那么恭喜你，你已经拥有了现代品牌管理的基础。

怎样才能做到这一点？你可能比你想象的更接近目标。从这里开始：让你的员工用两分钟讲述他们为什么要在你的企业工作，以及他们认为你的品牌代表什么。建议他们说出他们认为你的品牌对世界有什么影响。注意他们的故事有多么一致，或者不一致。他们的语言是个性化的吗？他们的故事中有趣闻逸事吗？还是背诵在培训课程上听到的东西？认真听，注意你听到的东西。你可能会对一致性感到惊讶。但是存在一个障碍：如果反应是杂乱无章的（在我的经验中，这种情况从未发生过），那么你的任务就是从故事中寻找可以识别的模式和主题。目标不是评价人们是否以同样的方式讲述了同样的故事，也不是说服他们这样做。你要寻找的是共性，将不同的观点联系起来。

再接下来，自己为讲故事做示范。因为作为领导者，效果最好的方法就是用你自己理解和感受的方式讲故事。这样做让其他人也能以个性化的方式谈论并践行企业的价值观、目标、承诺和战略。

在比较罕见的情况下，人们不能以任何相互联系或一致的方式描述他们自己与企业及其目标的关系，这时你需要巩固品牌的重要性，（从领导和顾客的角度）举出一些求同存异的例子。不同的故事会迅速融合，因为人们天生喜欢有归属感，特别是员工。如果人们自己讲不出一个关于品牌的故事，他们会愿意聆听，并学着自己讲述它。

故事要传播，就必须被讲述、加工、讨论，有时候还要被仪式化。一个伟大的品牌处于企业日常对话的核心位置，并从中汲取能量和潜力。你越鲜明地将品牌故事作为领导决策的驱动力，你的员工就越有可能将你的故事付诸实践。有一天，讲故事将成为习惯，在企业的日常决策中，故事的意义将被付诸实践。

建立"一致性准则"

显而易见，品牌价值不会因颜色、字体和摄影风格而增减，但是会因一致性而增减。所以传统的品牌准则（通常写在一本"品牌手册"里）非常重要，需要自上而下和自下而上的强调和宣传。一致性是至关重要的。

没有一致性，你就无从识别。想象一下，如果每次看到你的合伙人，他都做了整容手术，有一张不同的脸。想象他的声音也不一样了。你还会像昨天一样对待他吗？你会跟他合作吗？你不能那样做。因为要与一个人建立信任关系和进行价值交换，你需要认识他。

好吧，这是个极端的例子。但是我希望你记住它，因为多种感官的识别准则非常重要。如果称之为品牌准则，你可能会将其归纳为一种传播设计职能，开始称之为一致性准则吧。

多种感官的设计一致性像财务会计一样专业化，每家企业都应该认真对待。可以说，设计一致性是创新实验推动苹果迅速复兴的重要驱动力。这么说吧，连贯而统一的标识使用、色彩、字体、摄影和插图风格、声音、实物原材料，以及建筑和设计原则都和以前一样重要。不同之处在于：一种允许顾客使用和试验你的产品的娱乐精神和意愿也是品牌表现的重要组成部分。时不时地表现出打破规则的意愿，能够让你的品牌保持活力、惊喜和人性化。谷歌不定期地更改品牌标识，就是企业表达时事观点的一种有效方式。

品牌不仅是你的身份，而且是你的声音。语气至关重要。良心经济鼓励点对点联系和打破层级，期望品牌像我们的伙伴一样，既不卑躬屈膝，也不高高在上。为了做好事而创新必须更加充满诱惑力。政治正确是良心经济的敌人。在很多情况下，顾客会将"负责任"与不舒服联系起来。

例如，我知道的一家伦敦广告企业最近受雇重新开展一场再生厕纸的推广活动。我知道你在想什么：痒。正如企业CEO盖尔在一次网上聊天时对我说的："再多的可持续性都不足以让人们使用会让人发痒的厕纸。但是重新定位为'道德奢侈品'，就变得比较有说服力了。因为人们真的愿意做好事。他们只是不愿意花更多的钱，或者花钱买罪受。"

盖尔的观察得到了经验证据的支持，尽管这些证据似乎与良心经济的驱动力并不一致。研究显示，虽然人们越来越关心社会和环境问题，但是大多数人不愿意为此做出牺牲，至少不愿意改变他们的购买习惯。为了更好地理解这个悖论，我在 Skype 上与《道德消费者神话》（*The Myth of the Ethical Consumer*）的作者吉安娜·埃克哈特（Giana Eckhardt）聊过。

她的回答简单明了：在主流社会中，"人们花钱时关心的仍然是价值和便利"。

吉安娜解释说，市场已经让我们下意识地假设，那些向我们公开宣传社会和环境目标的产品和服务更昂贵，即使这并不是事实。因此，公开的社会和环境信息意味着增加支出，无形中赶走了顾客，即使他们是关心这些问题的。吉安娜指出，能够接受成本增加的是那些关注"身份认同"的人（时尚人士），他们希望被看作有同情心、有良知的人。对他们来说，公开做出有良知的购买行为——通过值得尊敬的品牌来体现——是他们社会地位的证明，他们也更愿意为此埋单。当先行者接受了一个品牌，让它变得很酷，最终会扩展到主流社会。我相信，既有良知用起来又舒服的道德奢侈厕纸终究会出现。

"善良"并不意味着妥协，澄清这个概念是良心经济学的关键。善良可以是感觉很棒，可以是顽皮、诱人，甚至放纵的。实际上，良心经济中最聪明的品牌是那些真诚、友好、人性化、机智，甚至黑色幽默的品牌。没有人喜欢自以为是的品牌。

保持领先

一个健康的品牌就像一颗有力跳动的心脏。艰难时期，在许多行业，特别是快速消费品行业，人们会为了省钱放弃他们理想的品牌。人们手里的现金越少，价格的影响就越大。不过，你的竞争对手也要参与价格战。定价的恶性循环可能是致命的。资产充足的品牌才能经受住经济不确定性风暴的考验。

如果你的品牌处在价值排行榜的顶端，而你正在享受这种地位，我有一则特别消息要带给你。我曾经与拥有全世界最有价值的品牌之一的企业合作多年。销量喜人时，品牌是强大的。没有人关注如何保持地位；实际上，企业不再将品牌当成一种资产来管理；企业甚至没有一位首席营销官。当销量开始下滑，品牌不可避免地衰落了。这是因为组织不再将未来趋势内化，也不再相信需要变革。繁荣时期，企业将品牌的力量视为理所当然，忽视了如何使其面向未来，没有为不可预见的突发事件做好准备。这是一家成功企业可能面临的最危险的滑坡。一切顺利时，品牌看起来非常强大，利润源源不断，通常的趋势是维持现状，忽视了将品牌意义作为一种核心资产来管理的需要。

但是如果品牌不能适应未来的变化，与品牌本身有关的各种关系没有畅通的对话渠道，就可能存在看不见的弱点。"只有偏执狂才能生存。"这是安迪·格罗夫（Andy Grove）的名言。永远不要将品牌健康视为理所当然的事。把品牌当成你最关键的资产，以正确的方式培育它。

要适应一个不断变化的世界，一个健康、有活力、有意义的品牌是你的北极星、你的罗盘、引导你前进的力量，能够帮助你应对每一家企业都会遇到的不可避免的突发事件。

　　在良心经济中，你能创造的最强大的意义，以及你能在顾客和企业接触到的所有人心目中确保的最高的价值，就是一个对社会、环境和人类友好的真诚的品牌。这不再是价值观、目标、承诺和战略的区分，而是这一切的整合；不再是企业社会责任的部门化，而是让你做的每一件事都产生积极的影响。

第五章

CSR 之死

几年前，一种常见的说法是企业（人们）应该具有"社会意识"。通常指的是企业（人们）应该对其行为在一个比损益表更广阔的范围内产生的影响负责。你认为企业（人们）应该承认并尽可能承担这种责任吗？

> 是：95.5%
>
> 不是：1.6%
>
> 不一定：4.7%
>
> 不知道：0.2%
>
> ——《财富》（*Fortune*），1946 年 3 月①

历史上最严重的全球冲突结束后一年，《财富》杂志就除盈利目标以外的责任对企业高管（使用了"商人"这个颇具时代特征的称谓）做了一次调查。除了"商人"这个称谓以外，问题和答案都与当代惊人相似。

在引用时，我依据千禧年的自由精神将原文中的"男人"

---

① 此处四种选项的百分比相加超过了100%，为原书的差错，无法查到原始数据，不便修改，故保留。——编者注

一词改为了"人们"。文章的出版日期可以看作一行有趣的注脚。性别平等可能还没有在董事会中普及，但事实是，"商人"已经是一个过时的术语，自从这次调查以后，社会已经发生了巨大的进步。

有意思的是，在一个性别歧视比《广告狂人》(*Mad Men*)中表现的捏屁股企业文化更加公开化的商业时代，男人们还在大办公室里吞云吐雾，假小子似的女秘书埋头敲着打字机，一种人性化的社会进步情绪已经成为商界的主流。这种社会管理的观念让人们愈发感觉，企业在很大程度上是一种公共机构，与大学或政府本身没有什么不同。甚至早在 1946 年，企业已经开始感到除了获取利润之外，承担更多社会责任的文化要求。

自营销

让我们快进到新千年。这是洛杉矶东部又一个艳阳高照的星期五，我刚刚走进知识界咖啡馆，这是一个典型的第三方空间，故意选址在城里最时尚的伪贫民区。顾名思义，"第三方空间"这个术语指的是除了家和办公室以外的独特地点——既有前者的舒适，又有后者的社会生产力和高速 WiFi。这家咖啡馆就是典型的第三方空间风格，坐满了创意十足的年轻人，用他们的 iPad 发着推特，他们留着胡子，戴着耳钉，身有文身，T 恤衫上写着讽刺的妙语。空气中弥漫着坚果味的咖啡香，冲泡咖啡的都是高手，当然也是瘦削的年轻人，从他们像是浸透了咖啡因的言谈来看，似乎拥有咖啡师管理和认知理论的双学位。

这一切都非常富有诗意，对于我这一代人来说，或许并不陌生。不过仔细观察，你会发现一些新兴的行动趋势。在你指出我描述的只是文化大都会中的小众场景，而不是每一个平民百姓的生活常态之前，记住趋势是从哪里开始的。归根结底，洛杉矶是造梦工厂，创意阶层在这里聚集，这里有有趣的书店、散发着常绿树木香味的手工皂、装饰复古的摇滚酒吧。跟拉斯维加斯不一样，这里发生的一切不会停留在原地，而是会传播到所有的地方。

我环顾四周。就在那儿，收银台旁边的架子上，我注意到一件让我忍不住多看了一眼的东西。在一排唐纳德·贾德（Donald Judd）的小雕像当中，摆着三盒看起来很好吃的能量棒，好像精心设计过的样子。每一根能量棒上都用大写粗体的无衬线字体写着："我能拯救生命。"

我一向喜欢能够切中要害的品牌设计。实际上，这件产品属于购买即捐赠的类型。你每购买一根能量棒，企业的非营利合伙人就做出一次捐赠。产品本身并不能拯救生命，而是通过营利产品的生产，支持非营利部门为营养不良的非洲儿童提供其他产品。

目标是伟大的。企业及其创始人的真诚在当时是标志性的。但是"我能拯救生命"能够成为领导品牌吗？

我从邓肯·古斯（Duncan Goose）的案例中了解到，买一捐一的模式很难维持。十年前，他在英国创立了自己的品牌One Water，主打购买即支持。邓肯是打造良心品牌的先行者。在伦敦的国际广告业打拼多年后，邓肯在 28 岁时决定，他已经学会了这个行业能够教给他的一切，是时候投身更广阔的世界，到生活本身这所大学校中去学习了。他辞去了舒适的工作，变卖了所有家产，开始了一趟足可以拍成一部大片的摩托车环游世界之旅。

这是一次惊心动魄的大冒险。在加拿大阿伯塔撞上一头鹿，让他差点失明。他在墨西哥遇到枪击，在阿富汗边界险些被绑架。但是他说，最不平凡的经历是在洪都拉斯海岸史上最强烈的飓风中死里逃生。

海岸完全被摧毁了。几个小时之内全部建筑都消失得无影无踪。驶过一片看起来铺满了碎石的海滩时，他意识到这里曾经是一座村庄。"有个地方看起来像一座露天舞台，一个女人坐在那儿。我骑到她身边。她告诉我这里曾经是她的村子，而这个'舞台'曾经是她的家。"邓肯很惊讶，但他还没有为接下来的事情做好准备。她问他有没有地方住，他摇了摇头，她就把他带到附近的难民营，他立刻就被接纳了。

"一无所有的人们与你分享他们的一切，"他回忆说，眼睛里立刻充满了泪水，"我有办法搞到纯净水，但是难民的头领还是给我水。我觉得……"他哽咽了，眼睛里闪着泪光。我沉默不语。我能看出这段特殊的经历改变了他的人生。

那里没有电，没有淡水。邓肯获得了宝贵的第一手经验。

对我们大多数人，至少是生活在英国和美国的大多数人而言，马桶是家中最普通的基本设施，按下按钮水箱里就重新注满直饮水。我们却不喝这些水，而是用它来冲马桶。总有一天，这看起来会像往圣湖里扔黄金一样荒唐和浪费。

邓肯跟难民们住了一段时间。他花了一天时间把一座房子从淤泥里挖出来。他和一些来自瑞士和比利时的旅行者齐心合力，设法帮助这些难民筹集到 10 万美元。然后他出发继续冒险，带着学到的一切回到伦敦。

他向我解释说，瓶装水产业的竞争非常激烈，但是这个行业的创新"就像换帽子一样令人兴奋"。所以，一天晚上在酒吧和朋友们在一起时，邓肯认定在那些缺少安全饮用水的国家，饮水和公共健康的交叉点上存在着创新的机会。One Water 应运而生，一个快速消费品企业将社会责任整合进了自己的商业模式。

在今天氛围更宽松的董事会中，"我们作为高管 / 投资人 / 经理人 / 员工，需要在社会中发挥更大的作用"的宣传可能感觉很时尚，但是事实上，关于企业在社会中的角色，以及其是否有义务回报社会的争论已经长达一个世纪之久。不可否认，CSR 这个术语中的 C（企业）是后来才有的。但是社会责任的历史跟资产负债表一样悠久，我们这就来看一看。

企业和社会：舞会开始

实际上，我们现在所谓的企业社会责任的历史就是企业本身的历史，我们在本章中无法完整地讨论这些。不管怎样，历史证据表明，自从企业刚出现时起，企业的需求和社会的需要就像双人芭蕾舞一样紧密交织在一起。进步的实业家（比如维多利亚时期经营企业的英国贵格会信徒）从一开始就认识到，他们需要为工人的健康和福利提供支持，无论是直接提供住宿和其他生活必需品，还是通过公共机构提供慈善支持。企业实践和社会福利有时候被视为两种力量，有时候又被视为一个整体，二者始终相互依赖，因为健康的工人、充裕的资源和稳定的顾客基础是企业本身的核心要素。

CSR 作为一种实践和服务，证明了人类最美好的初衷。这是我们文明进步的基础。作为一种准则和催化剂，我爱死它了。但 CSR 已经完成了目标。是时候给它一块金表，让这项职能光荣退休，然后继续前进了。

哦，不，我不是说要让 CSR 团队退休。恰恰相反。这些热情、有理想的人应该坚持到底、更进一步，因为他们还有更重要的工作要做。他们要跳出专门化、职业化的部门，对企业和世界产生更大的影响。实际上，他们是未来的 COO、CMO 和 CEO、未来的国会议员和新的领导者。CSR 团队专注的实践知识正是良心经济起飞所需要的。

但是在向未来出发之前，让我们先看看跑道。因为巨大的变化虽然是在一夜之间发生的，预备阶段却十分漫长。在良心经济学的例子中，经过几十年的试错和一场大灾难才走到今天。下面，我来简要介绍 CSR 是如何从一场争论发展为一项管理职能的，下次商务晚宴上出现冷场时，你可以用这个话题来活跃气氛。

企业最终对谁负责？或许这正是核心问题。我们进化了，根本的人性却并没有改变。但是我们的确知道了更多，也经历了更多。

整件事情是在工业革命中拉开序幕的，随着大量劳动者从乡村涌入人口稠密的制造业卫星城，从工厂、矿山中不人道的工作条件到城市污染的加剧，前所未有的大规模工业化制造和分配导致了一系列困境。19 世纪威廉·布莱克（William Blake）诗中描写的"黑暗魔鬼般的磨坊"开始席卷大地，高效地生产产品，却向天空中喷出浓烟，很多时候在其中工作的工人也苦不堪言。散文家、小说家纷纷批评这一时期的爆炸性增长带来的后果，偶尔也会提及一些相关的法律政策。简言之，在 19 世纪末，为了获得政府的批准，企业需要提供证据，证明其社会价值。

但是南北战争结束后，美国不顾一切地刺激经济，几乎任何企业都能获得批准文件。几年之内，企业就以指数方式增长，变得更加强大、更加有力。一个企业几乎毫无责任感的时代来临了。

从失败中获得良知

感谢大萧条。企业史学家说，如果没有这场金融体系近乎全面崩溃的大灾难，关于企业的公共、社会和环境角色的对话永远不会出现。企业生态系统本身已经重建，在这个过程中，关于更广泛的企业道德和企业管理的观点在讨论中赢得了一席之地。

随着企业结构和治理的发展，以及公民和社会意识的提升，对话的内容发生了改变。回顾过去，不难发现讨论和文化经历了几个清晰的阶段，尽管不一定是线性的。

我认为帕特里克·墨菲（Patrick Murphy）1978年在《密歇根大学商业评论》（*University of Michigan Business Review*）上描述的几个主题阶段特别有用。虽然这些"时代"没有绝对的开始和结束日期（哪个时代有呢？），但是直到今天，它们仍然表现了几十年来企业与社会的关系演变。

墨菲提出，企业和社会之间更加正式的相互关系是从他所谓的"慈善时代"开始的。在商业史上，这是个相当长的历史时期，根据企业将一定比例的收入捐给有特定社会目标的组织来定义（也可以据此来限定）。跟今天一样，慈善行为是由个人的承诺与改善社会关系的愿望共同驱动的。

例如，早在1875年，纽约市梅西百货（R. H. Macy's）的会计账簿就显示，企业为一家孤儿院捐款——表现了梅西个人致力于培育与城市社区的积极关系的意愿，他的顾客和员工都来自这里。

像范德比尔特（Vanderbilt）和卡内基（Carnegie）这样的大亨为了寻求永恒的遗产，捐资创办了大学、艺术博物馆和其他机构，让自己成为推动社会进步的英雄和贵族人物。这些人积累了足以建立一所世界级大学的充足财富，代价是用他们近乎毫无限制的权力剥削其他人。考虑到其捐赠的数额，这些人要求重新评价他们的名誉及其背后的意义也是有道理的。这件事情和他们做出的其他决策一样精明，或许这些捐赠的长期价值可以抵销他们获取这些财富所采用的手段的负面影响。这是新版的罗宾汉故事——从每个人手里偷钱，然后（将其中一部分）还给每一个人。

最近，我去参观弗雷兹艺术博览会（Frieze Art Fair），这是一个当代艺术商业展览，会场里都是随时准备为一幅"画"花上六位数甚至更多的高净值人士（我不是其中一员）。我跟一位来自纽约的房地产投资家闲聊，他愤愤不平地向我抱怨他有多么痛恨"指名捐赠"。在他看来，为重要理由捐款的最真实的动机应该是能够造成的影响，而不是名誉或自我陶醉。他的观点可能引起争议。不管怎样，只要捐赠实际发生了，动机还<u>重</u>要吗？长期来看，"积累<u>巨</u>额财富，然后拿出其中一部分作为回报"的模式真的可行吗？一种为传统慈善辩护的观点认为，让人们为"谁的捐款更多"展开竞争能够鼓励富人慷慨解囊。现行的社会和经济体系让许多机构，特别是慈善机构过度依赖捐赠和援助，而实际上，解决社会和环境问题的积极创新可能更多来自日常的，也更具可持续性的个人和企业行为。

还有一种形式的慈善，其最深刻的动机是模糊的。例如，记录显示，在 19 世纪末，在那个所谓的慈善时代，美国国民现金出纳机公司（National Cash Register）发明了许多异想天开的员工福利，即使放在今天的谷歌也不会有违和感。企业为员工提供医疗设施、浴室和餐厅。这在当时看来是人文关怀和纯粹的商业头脑的结合，就像今天谷歌的员工福利和环境一样。健康、营养充足的员工也是更有生产力的员工。

对今天的这一代人提起基督教青年会（YMCA），就不能不让他们略带尴尬地想起卡拉 OK 里乡下人乐队（Village People）的金曲。人人都喜欢这首热情洋溢的歌曲，但是庸俗的文艺作品不能公正地评价现实中的这个组织。YMCA 是社会责任最早的先行者之一，也是最早与企业建立有意义的交集的组织之一。

1844 年，YMCA 在英国成立，后来传到美国，当时是相当激进的。直到今天，YMCA 的使命在一定程度上仍然具有当代性。YMCA 以及后来的 YWCA 的建立，是为了支持心灵、身体和精神的强化（因此其会徽是常见的三角形），为从农村进入城市的青年男女提供一处安全的港湾和住所。第一次世界大战前，铁路企业等企业都出资支持这个组织。同样，动机是人道主义和现实考虑的结合——因为 YMCA 为它们的工人提供安全和住所。

墨菲认为，慈善时代一直持续到 20 世纪 50 年代。有必要指出，虽然企业慈善仍然在继续，而且实际上大多数主要慈善机构离不开企业的支持，但这不能被视为理所当然。将一定比例的运营成本或潜在股东回报捐赠给慈善机构，在法庭上和董事会中都提出了治理方面的挑战。核心问题在于，企业是否应该将股东的钱捐给别人？今天，由于我们的认识普遍发生了变化，这个问题可能只是纯粹的学术讨论，但是在尘埃落定之前，争论持续了将近一个世纪。

意识觉醒

后面我们还会回到慈善的话题，因为慈善也在演变。现在，让我们在跑道上继续前进。20 世纪 50 年代，墨菲笔下的下一个时代开始了。在"觉醒时代"，企业开始识别需要全面参与的领域。我们在《财富》杂志的调查中看到了这个时代的开启。随着世界开始从第二次世界大战造成的废墟中重建，企业开始认识到自己不只是文明的参与者。企业能够成为增长、健康甚至正义的发动机，虽然仍然主要是通过慈善捐赠和员工福利的方式来实现。但是到了 20 世纪 50 年代，学者和管理专家开始撰写关于 CSR 的文章。

20 世纪 60 年代末，伴随着民权运动进入高潮，"问题时代"到来了。企业开始相信它们能够而且应该参与解决特定的问题，例如城市衰败、污染，以及环境和地缘困境。不过，整个 20 世纪 60 年代，企业还是说得多做得少。在执行层面，企业仍然致力于慈善和必要的社会关系维护，以此满足除了赚钱之外的愿望。关于企业社会角色的争论，还没有明确的胜利者。

尽管如此，20 世纪 70 年代末，转变开始发生。"责任时代"从 1978 年开始。正是在这个时期，CSR 成为企业战略管理的一部分。工作条件得到更加认真的对待，企业政策开始直接涉及多元化和生态环境。20 世纪 80 年代，可以清楚地看到从口头到行动的转变及其影响。

尽管有长达一个世纪的争论、实验、媒体和学术理论探讨，但正是在这个时期，大多数人会告诉你他们见证了 CSR 的诞生。我想，原因在于这时候 CSR 的目标被分类化、专业化，并与战略管理整合起来。

职业企业公民

最后，在善良的初衷驱动下，在一个多世纪的对话之后，我们了解、喜爱或者认为只是表面文章的 CSR 融入了企业的生命。我对这个"责任时代"很感兴趣，业内人士对它的尊崇不亚于建筑师和喜爱意大利的人看待文艺复兴，我觉得有必要跟一些亲历者谈谈。我对这个领域及其未来持怀疑态度，鉴于 CSR 的初衷如此美好，我的观点可能会引起争议。关于它到底是什么样子的、是何时开始的，我希望了解未加修饰的、第一手的观点。但是到哪儿去找这样一个人呢？在我看来，如果我致电为 CSR 部门服务的众多咨询企业，我得到的将是一边倒的充满希望的言论，至多是虽然遭遇挫折但是仍然坚定不移的决心。

　　我曾经在剑桥大学商学院跟一些 EMBA 学员共事，学院的定位就是为未来良心经济的成功培养企业领导者的预备机构。换句话说，这里不仅是探索这一领域的历史，而且是研究其现状和未来各个维度的理想环境。

　　在此期间，我了解到其中一位项目管理者简（Jane）曾经在一个叫作商业社区（Business in the Community，BITC）的先锋组织工作，这是英国最早成立的致力于让企业和社区联合起来，解决社会和城市问题的组织之一。我的研究团队告诉我，简在这个问题上有深刻的见解。

　　我从伦敦坐火车去剑桥找她。简是个充满活力，似乎一刻也闲不下来的人。午餐时间，我们在国王学院的哥特式建筑对面的一间咖啡厅见面。我们马上就进入正题，甚至忘记了点餐。（后来，我在回伦敦的火车上吃了一块三明治。）

　　一个人决心在一个尚未完全成型的领域工作，是一件让人感到好奇的事。在我看来，这要么是勇敢，要么是受到某些更深层次的激励。考虑到社会责任的情境和意义，这也是很有可能的。因此，我开门见山地问她，为什么会投入一个尚未成型的领域。

　　起初她不愿意和盘托出。"这是非常私人的。"她摆出英国人典型的保守作风。"我是美国人，"我咧嘴一笑，"我们喜欢过度分享。"

　　于是，简告诉我，20 世纪 80 年代初，她在（当时的）五大咨询企业之一工作。用她的话说："连他们也不知道该拿我怎么办。"原因我差不多能想象：这个女人绝不是左脑型思考者。当她外出度假时，一场突如其来的家庭悲剧发生了。悲伤让她开始思考工作和生活的意义，她决定放弃商业世界，去寻找灵魂。她去了能够想到的最陌生、最有可能成为精神支柱的地方：喜马拉雅山。

正如情感驱动的朝圣常有的情况那样，她的旅程延长到了几个星期。回来后，她决定要让自己的工作更有意义，或许可以在发展中的新兴市场工作。由于她的履历很完美，她在国际特赦组织（Amnesty International）找到了一个地区主管的临时性职位。很快她就被 BITC 招募，她在那里工作了七年。

她说："这是意外的运气。我不需要放弃我的从业经验，不需要在新兴市场工作。在我自己的国家就有需要解决的问题。"

事实证明，英国是游戏的领跑者。利物浦和布里克斯顿的一系列骚乱之后，一群关心公共事务的企业领导者建立了BITC，来直接应对城市社会问题的挑战。

这个组织内部有一句格言："健康的大街需要健康的小巷。"这是一种非常英式的表达——翻译成美式英语，应该是"健康的商业区需要健康的居住区"。今天，这听起来非常讲求实际，在组织刚成立时却是空中楼阁。这是一种原则的起源，这种原则将在未来支配我们所有人制定商业决策的方式。

当一个社区的社会结构瓦解，特别是在经济贫困地区，必须有人进行修复。这不仅是为了稳定和安全，而且是为了建设一个可持续发展的社区，也是为了企业。没有健康、快乐的居民，哪有健康、快乐的员工？哪有顾客、经理人？

因此，从一开始，BITC 就致力于解决真正的、本地的城市问题。它在企业和社区之间建立联系，说服企业参与——例如，为了支持小企业，为失业青年提供培训项目，参与学校的扫盲项目等。像付出金钱和资源一样，组织也要付出人力和时间。或许更重要的是，这种努力让一代企业高管感受到距离他们光鲜的总部几个街区之内存在的社会问题。

尽管初衷是好的，现实却是，企业认为这种社会交互可有可无，而不是它们运营的基础。但是现在，企业和社会交互的更多可能性已经确凿无疑地出现在雷达屏幕上。BITC 在企业和社会组织之间建立了一条通道。

BITC 的创始成员包括大约 30 家目标远大的企业。尽管 BITC 的工作卓有成效，但是在将严肃、坚定的社会参与行为扩展到更多企业时还是遇到了困难。许多 BITC 成员仍然将其视为慈善使命的一部分，当时让大多数企业显著提高捐赠的数额是很困难的。在为建设和培育企业和社会组织之间的合作关系奋斗多年之后，简悲哀地发现，许多企业不愿意更深入地参与这项迫在眉睫的工作。

我问简现在对 CSR 怎么看。"它已经变得细分化、专业化。"她带着揶揄的微笑回答，指出现在甚至有专门的从业资格证书。"如果 CSR 是一条生产线，三十年过去了，它现在就是你希望看到的样子。当然，你会希望它更加专业化。"但是她担心，虽然 CSR 现在更成熟、更有战略性，但它仍然是从人们个人直接热衷的东西转变而来的，用她的话说，它是"一个可选的项目"。我同意她的说法。

将 CSR 的概念视为企业结构和治理的一部分，可能会让米尔顿·弗里德曼（Milton Friedman）在坟墓里不安地翻个身，但是这项原则的专业化本身并不是一件坏事，即使是为了实现那些米尔顿认为神圣不可侵犯的核心商业目标。专业化是可重复的实践的催化剂。将善良和有意义的话题提上日程，让负责任的人来实现这一日程。专业化为受过良好教育、有抱负的人才提供了健康的通道。为全球认可创造了机会，制定了标准，提升了门槛。CSR 的专业化做到了这一切，甚至更多。

专门化也是积极的。专门化创造了专业知识领域，进一步促进了研究和理解；让有共同利益的社区繁荣兴旺，并支持其进一步发展。在 CSR 领域，专门化包括可持续性、零冲突、道德采购、员工福利、劳工待遇、健康和安全、人权、多样化、妇女问题、政府关系等主题。这些都是知识和实践的重要领域，将成为良心经济的支柱。

但是我觉得简有些怀旧。在她念念不忘的那个时代，在做好事的同时完成使命是由热情驱动的，而不是出于职业抱负（想要成为 CSR 领域的翘楚，或者在众多 CSR 大会上成为主题发言人）。要批评一件初衷如此善良的事情是困难的。但是我忍不住想：CSR 是不是成了一个选项，或者更糟，成了一个对股东利益有害无益的成本中心？

反对 CSR 的案例

跟简见面之前几周，我顺便造访了剑桥大学商学院图书馆，请一位图书馆员推荐一些关于 CSR 的书。她说："反 CSR 运动的怎么样？"我停下了脚步。这非常……特别。反 CSR 运动？但是实际上，有很多人相信 CSR 并不好。企业用它来"漂绿"，使自己看起来比实际上更加生态友好。它们把 CSR 当成伪装、掩饰，或者危机管理期间降低风险的手段。我向简提到这一点。当然，她很熟悉这种顾虑。但是她仍然对 CSR 充满热情，至少认同其最高目标。"我希望看到它进入主流思潮。"

我的火车还有三十分钟就要开了，简也要去开会，所以我提出了最后一个问题。"如果回到为社会福利寻找企业投资的时代，你会如何看待企业的行为？"简沉默了一会儿。

"我想主要问题在于，你看到的是它们的利己主义还是商业信誉。"她说，"因为商业信誉本质上就是利己主义的。"我笑了。然后叹了口气。简也是。因为她说到了良心经济的核心难题。但愿所有的企业领导者都是这样想的。

幸运的是，许多领导者的确这样想，这将我们带到了下一个时代，这个时代出现在墨菲的文章发表以后，所以我自己给它起了名字。我相信现在我们正处于"绩效时代"，这个时代的特征就是不断努力将社会影响与企业绩效联系起来。在绩效时代，衡量是最重要的。通过发挥积极的作用，企业提高了自己的底线，证明这一点也至关重要。绩效时代的座右铭是"做好事是为了做到最好"。

我们之前看到的对员工福利的关心以新的形式继续：多元化、奖金、弹性工作制，以及为员工提供的各种各样的定制化福利。西夫韦企业（Safeway）前 CEO 史蒂夫·伯德（Steve Burd）最近宣布了一项计划，通过物质激励员工更加关心自己的健康，他说："赚钱和行善并不是相互排斥的。"

在绩效时代，企业的良知能够直接成为核心。行善不只是一项附加活动，用来补偿企业日常运营中做下的必要的恶。

现在，人们越来越感觉到，通过对社会和环境施加影响——例如，以可持续的方式生产产品、雇用多样化的劳动力，或者不与腐败的政府做生意、不支持地缘冲突——企业可以为提高底线发挥积极的作用。社会福利对绩效是有利的。它降低了未来的风险，建立了信任，增加了交叉销售、向上销售和品牌利润；稳定了预期，提高了员工参与和生产率。（在像 Zipcar 这样的共享汽车订购服务中）它还能驱动创新，不仅打破了行业规范，而且带来了三位数的增长。

但是事情到此还没有结束。我已经使用过我的虚拟望远镜，但是说实话，你不需要看得太远，就能看到即将到来的下一波企业特征的证据。我将下一个时代称为"主动时代"，企业要在良心经济本身的准则和文化价值观的范畴内运行。在这个时代，企业创新以影响社会的使命为出发点，就像今天企业的关键使命是利润一样。过去所谓的社会责任或善良企业公民，现在被称为好企业。

CSR 作为一种专门职能的时代结束了，它最美好的初衷已经贯穿于企业的日常运营之中。现在，应该将 CSR 技能和专业知识嵌入能够使之发挥作用的每一项职能当中去。企业应该考虑这些问题：

·你实际的企业模型——不是你最崇高的愿景——是由利润以外的人道主义动机驱动的吗？你能这样做吗？

·如果是，你是否经常谈论和强化它，并且始终如一？

·你的组织是否因为会对社会和环境产生积极影响而被熟知？

·这种积极的影响是你的核心价值观和运营程序的一部分，还是作为副业的慈善事业？

·你的绩效激励是与有良知的结果协调一致的吗？

·你企业的运营方式是否以定性或定量的方式，对那些不为你工作的人的生活产生了积极的影响？你能这样做吗？

·你销售的产品和服务是否直接或间接地使人们对他们的生活、社区、环境和周围的世界产生积极的影响？他们能这样做吗？

良心经济将由那些把积极的社会和环境影响放在企业价值

创造核心地位的组织来建立。但是这由谁来驱动？整个过程的领导者不仅应该是最有发言权的，而且应该最接近产品、最接近创新和生产，并且与顾客的关系最紧密。这意味着产品和服务创新者、设计者、顾客关系专家、创意故事讲述者和传播者将在一种职能的领导下复兴另一种职能：市场营销。市场营销将像 CSR 一样经历"创造性毁灭"式的转型。

第六章

市场营销之死

市场营销常被放在显微镜下观察是有理由的。它已经行将就木，至少，我们所熟知的市场营销是这样。这不仅仅是只重视工程或者"我不信任定性分析"的怀疑论者愤世嫉俗的末日理论。"市场营销的未来，"伦敦一家颇有声望的广告代理商的 CEO 公开向我承认，"就是它将不复存在。"我问她为什么，她用就事论事的态度说："因为现在有太多市场营销都是垃圾。"事实上，有太多市场竞争主要是通过单向的信息传递来进行的，一个普通人每天都暴露在超过 4 万条信息中。这些大部分是垃圾。

这位 CEO 很可能看到她的预言成真，因为企业的各项专门职能中，再也没有像市场营销一样正在经历剧烈的变革和自动化的了。一位首席营销官（尽管平均任期从之前的 23 个月延长到了 45 个月，但仍然短于其他高管）能够凭借履历中一连串的戛纳广告大奖、创意零售促销活动和平衡的媒体支出报表平步青云的日子已经结束了。

今天，要接触到潜在顾客，比起人工降雪一般在媒体环境中普遍撒网，智能数据分析是一种更高效的方式。正如我们所知，创意会在大数据的强光照射下消解，但大数据是永存的。

一系列实时和近乎实时的新指标——包括净推荐值、顾客满意数据和渠道追踪，加上市场营销和销售自动化软件——几乎让市场营销完全改变了模样。因此，有些企业要求市场营销部门向首席信息官报告，就毫不奇怪了。

数据分析、电子商务和社交媒体一如既往地颠覆了一切。"渠道组合"（市场营销人员这样称呼他们用来传递企业信息的形式）比以前更加复杂和相互交织。放心，随着智能技术继续席卷企业，没有实现自动化的部门不可能成为主要的效率驱动者。今天，市场营销是转型的竞技场，处于变革的前线，因为它面对着顾客和他们正在转变的需求，能够并且应该处于价值创造的核心。

这是今天市场营销的秘密，没有人知道应该怎样做。有一场创意活动带来销售额的暴增，就会有一场毫无结果。即使高度引人关注的病毒式营销活动，在带来销售数字增长的同时，也经常伴随着降价，而后者才是销量增长真正的催化剂。营销手段本来已经太多，立刻就能提高追踪能力和效果的新渠道更是层出不穷（推特、脸书、Vine）。甚至标志性的、近乎神圣的净推荐值也被统计学家和管理专家当作一种有效的成功预报器。新渠道的中坚力量，比如搜索引擎优化，也经常被谷歌的算法更新打断。

历史上，市场营销部门梦想着为基本产品增加价值，让顾客更容易选择你的产品，而不是你的竞争对手的。设计聪明的信息、广告和标语，就是为了将潜在购买者的注意力吸引过来，并给他们留下深刻的印象。回顾老照片中的大城市是很有意思的，你会发现许多今天看来非常幼稚的产品宣传。比如芝加哥交易所喧嚣的商品期货交易，整个市场里大呼小叫此起彼伏。当然，所有的沟通都是单向的——从企业到顾客。20世纪70年代初，随着产品选择和闲暇时间的增加，市场竞争更加激烈，顾客也更加挑剔。相应地，市场营销开始聚焦于识别关键信息和能够在顾客心目中制造一系列难忘的情感影响的"大概念"。但是即便这时，顾客还是比较少，产品比较少，渠道比较少，结果是选择和广告也比较少。

过去几十年里，喧嚣转战到了线上，而且变得更加混乱。

▎转战线上▎

我所在的房间，是将市场营销从现实世界转移到无处不在的数字世界的团队工作的地方。你知道擎起网上数字营销这面大旗的《连线》杂志自始至终从来没搬过家吗？这个地方就是：（当然是）20世纪90年代初的旧金山。当时，我们的南方公园办公室一点也不迷人，它处在一个危险的街区，我们完全是白手起家，仓库的窗玻璃上还有弹孔，晚上偶尔还会听到老鼠在地板下乱窜。

杂志的创始人路易斯·罗塞托和简·梅特卡夫（Jane Metcalfe）从第一期创刊号就开宗明义，他们的初衷不仅仅是创办一本杂志，而是要建立"一个21世纪的媒体品牌"。我们在印刷版中涵盖了许多新兴技术，目的是探索这些新技术在内容传播中的应用。实际上，我们是在实践杂志守护神马歇尔·麦克卢汉（Marshall McLuhan）的著名宣言——对我们来说，信息变成了媒介，而不是反过来。

于是，我们开始了解借力即将出现的网页浏览器的可能性，路易斯和简召集了一次会议，讨论如何将我们的部分内容放到网页上。我们在美国在线（AOL）的公告牌上发布文章已经有一段时间了。新的浏览器 Mosaic 使我们有机会创建桌面可访问的数字化内容，看起来更像杂志，使用起来更像商业媒体。

但是我们的在线内容如何得到资助？归根结底，设计、编码和平台托管是有成本的，正如印刷和分销有成本一样。我们的商业模式是什么？毕竟，之前没有人把商业内容发布到网上。在当时，这仍然是学术界和政府关注的领域。

我们决定将现实世界中经过实践检验、行之有效的媒体商业模式搬到虚拟世界中：我们要包含广告。下一个问题是，广告应该采取什么形式？一个按钮？一个明显的页面？半个页面或四分之一页面？记住，那时候网页还不是一种消费渠道。没有内容交互或设计标准。我们甚至连应该如何分配空间都不清楚。我们知道为了说服厂商为我们提供的空间付费，广告必须高度醒目，但我们又不愿意干扰到读者真正要阅读的内容。因此，我们决定采用标牌一样的窄条形式，放在页面的顶端或侧面，就像整体框架的一部分。编程并不困难，但是说服广告商愿意尝试则是大功一件。

需要给窄条起个名字。广告条不太好听，然后有人提出叫
"旗帜"，反响很热烈。这个词听起来很积极，但是有点政治
意味。又有人说："横幅怎么样，就像在游行？"我们都同意，
窄条的确看起来有点像横幅，广告横幅就这样诞生了。

与之前所有的广告都不一样，广告横幅不仅仅是一条信
息。它第一次在媒体内容和厂商之间建立起了动态联系，第一
次直接将顾客交到厂商手上。这意味着厂商第一次需要搞清楚
如何应对这种更亲密、互动性更强的全新对话形式。单向广告
一下子就终结了，企业和顾客之间的壁垒即将消失。

我们都没想到广告横幅会存续二十年之久。我们相信它是
个临时的补丁，更精妙的网上营销方式很快会代替我们可爱又
方便的横幅。回顾那次会议，我必须说，那是一个了不起的时
刻。我们知道我们正在大胆进入一个历史性的领域。之后很快
发生了两件值得注意的事：两次辞职。一位辞职者愤然离去，
重回学术界，（预言性地）说我们刚刚用最粗暴的商业主义的
形式，玷污了最真实的人类表达和联系的最后阵地。另一位辞
职者在同一个社区租了一间办公室，（准确地）意识到我们刚
刚催生了一个价值数十亿美元的产业，因此建立了全世界第一
家数字广告企业。

让我们快进到搜索引擎优化——它取代"大概念"成了新
的圣杯——来到的时代。但是我们刚刚习惯在会议室围绕搜索
引擎优化这个术语展开头脑风暴，谷歌的算法更新就已经颠
覆了这一领域。20 世纪 80 年代初弗兰克·盖里（Frank Gehry）

为当时的明星广告企业 Chiat/Day 设计的双筒望远镜形状的总部现在属于谷歌，成为谷歌在威尼斯海滩的标志。长期以来，年轻、随性、自信的年轻人就是加州威尼斯海岸咖啡馆的常客，他们知道自己在一个迷人的产业工作。今天，迷人的产业是搜索技术，这是将一切交流——似乎也包括我们的生活——结合在一起的基础。

创意大概念曾经被视为传播的驱动力，现在则打上了一个大大的问号。我会告诉你，直到今天还有多少特定年龄段的营销经理谈论苹果企业的"不同凡想"广告，把它当成市场营销的标志性案例吗？但它已经过时十年了。1997 年打出这则广告时，大多数人还在用传真机。是时候把它请进历史博物馆了，我发现这是一个变革阻力的典型案例。至少我们过去一直认为，大概念仍然是一流广告企业及其许多顾客的最高理想。值得注意的是，苹果企业自己在市场营销中已经不再使用大概念了，而是让市场营销回到以产品战略为核心。

无论你对于死亡的观点是什么，我相信过去的市场营销人员是有来生的。因为在良心经济中，健康的、有利可图的企业关系，以及突破性的价值创造和传递需要一系列横向技能和天赋，需要右脑和左脑并用。意义构建，讲故事，以相互关联的方式沟通不同职能，创造性发挥，竞争性前瞻，人性洞察，关系管理，社会互动，组织心理学应用——这些都是企业需要的才能，是未来价值创造的核心。

这些才能中，大部分都没有被今天的市场营销部门充分

利用，处于边缘化的地位。几十年前，管理大师彼得·德鲁克
（Peter Drucker）就提出了领先时代的观点："由于企业的目标
是创造顾客，所以企业有且只有两个基本职能：营销和创新。
营销和创新能产生经济结果；其他一切都是成本。营销是企业
独一无二的特定职能。"

不过不是我们已知的营销及其向外传播的法则。是时候把
传统的市场营销扫进历史的垃圾堆了。来认识它的继任者：在
良心经济企业中对价值创造负主要责任的人，来见见你的新同
事：CMO（首席媒介官）。

媒介法则

你的首席媒介官和他的团队有四重法则。

（1）识别最有可能与你的品牌建立联系、购买你的产品或
服务、为你工作、为你宣传、为你创造价值、与你一同创新，
以及帮助你的企业成长的人。换句话说，这条法则是不要仅仅
看到你的市场，而且要看到为企业创造价值的人际关系构成的
整个生态系统。

（2）学习和理解关于这些人的一切：他们如何看待世界和
你的企业，他们重视什么，他们最深切的希望和最崇高的理
想，他们的消费力、社会影响，他们身处何处、身处何处如何
影响他们的需要、感觉和行为，以及与他们建立联系的最好、
最个性化、最不具攻击性和侵略性的方法。

（3）将关于这些需求和愿望——包括明确的和潜在的——的发现应用于企业运营的方方面面。包括从企业战略到产品创新和定位，从治理政策到交流沟通，但特别是企业创新。目标是确保人、社会和环境的需要成为下一轮产品、服务和运营程序的指导性规范。在良心经济中，这些都是企业产品本身的一部分。

（4）建立和维护人与企业之间的联系，制造一种成功、持续的宣传和长期的信任关系，在对更广阔的世界产生积极影响的同时，为企业创造价值和利润。

简单明了，是不是？

对于媒介官，这一切都要在一天之内完成。因为与大多数企业其他职能不同，媒介官处理的是驱动企业成功的两个信息源，二者常常是对立的——理性的事实和情感的真相。媒介官同时使用右脑和左脑。他们能够解释数据，而不是成为数据的奴隶。他们能够自信地使用创造性直觉和情商，将一系列事实性的、可衡量的输入转化为有意义的、切实可行的见解。他们理解讲故事的变革能力，他们是通过沟通改变人们的行为的大师。他们身上，既有昔日市场营销人员拥有的创意沟通技能，也有信息过剩的数字原生代拥有的面向未来的分析技能。

在良心经济中，媒介部门从来不是一个成本中心。它绝不是一个在价值创造循环末端引入的内部服务提供者。对良心经济的公民来说，最重要的是那些他们愿意为之付出最多，而且最有意义、最饱含感情和最具启发性的东西。这不是说良心经济不是由实用主义驱动的。镜头拉远——再拉远——我们能够看到为了维护一个健康、繁荣的社会，集体的自我实现才是最合理的。媒介部门确保了这种新出现和正在发展的人类需求得到满足，这对企业也是有利的。

市场营销传统的 4P：产品、定位、促销和定价将会怎样变化？不复存在？不太可能。它们将会转型和重组。

媒介的 5C

随着消费者参与能力的增强和顾客期望的提升，媒介部门需要考虑新的问题，掌握一套新的能力。送别 4P，迎接 5C：情境、对话、清晰度、凝聚力和创造性。

情境

在良心经济中，人们充分掌握了技术在各种情境下的潜在能力，因此期待获得个性化和便利。不过情境技术的日常应用仍然处于萌芽阶段。

市场营销人员，特别是那些偏好广告媒介规划的营销人员曾经创立了一个接触点计划（我怀疑许多人至今仍然在使用）。我亲身参与过这类计划的无休止的修改。这些计划通常假设"消费者行程"是相对线性和可预测的，沿着几个阶段循环进行，描述这些阶段的术语是从"销售漏斗"中借用来的，

比如"认知""考虑""产品试用""购买""首次开箱使用"和
"宣传"。常见的阶段包括在公交车站等车、看电视，或者开车
经过广告牌之类的时刻。在特定的"接触点"，营销人员会加
入一点战略营销，就像汉斯和格莱泰的面包屑[①]，巧妙地制造出
一条循序渐进的信息小径，直通销售点，等在那里的将是销售
信息的狂轰滥炸，最终达成一次特定的销售。一切都合乎逻
辑。只不过今非昔比，而且已经有一段时间了。

如果我说，你或我认识的任何人都没有经历过这样的
"消费者行程"，可能有点刻薄。通常，我们会为要购买的产品
展开广泛的调研。如果我们没有当即在网上购买它们，我们就
去实体店看样品、试穿、浏览、触摸、品尝，有时候还可以与
正在试用同一件产品的其他人交流。其他一切都是这一背景的
干扰。

作为一名有多年从业经验的市场营销人员，似乎是时候表
明立场了：我是一个户外和公交广告爱好者。如果使用得当，
户外广告能够为建筑环境增添设计感、美感和智慧。它们也能
够增加你对产品的认识，不过只有当设计的目的就是这样时才
可以。没有多少企业愿意为户外媒体投入太多预算，因为它们
虽然为日常风景增添了色彩，但信息通常只是一闪而过。过度
使用户外媒体，你就是在制造营销垃圾。

---

① 出自《格林童话》中的《糖果屋》，讲述汉斯和格莱泰兄妹被继母扔在森林中，
聪明的小兄妹沿途扔下面包屑，作为回家时认路的路标，得以从女巫的糖果屋
逃脱的故事。——译者注

但是，有多少次我坐在会议室里，看着人们为每一张海报的实物模型、每一块广告牌、每一条线上广告横幅——即每一种传播渠道争论不休，因为企业希望将尽可能多的产品特征和各种各样的信息一股脑儿地塞进设计中。丰富、有用的产品信息只属于线上，只能在销售点出现，绝不是其他地方。

因为情境就是一切。当你在公交车站等车，或者开车驶过高速公路，即使你刚好想到要买什么东西，也不会去寻找广告牌。相反，你可能拿出手机来搜索。值得注意的是，一个普通的三年级小学生都能想到，经验丰富的高管们却忽略了这种基本逻辑。

合格的媒介人员的理解应远远超过单纯的媒体落地，他们明白情境是由多重层次和条件构成的。因为情境不仅是地理空间，还包括时间、情绪和环境。不只是你身在何处，还包括你的处境如何。情境既是情绪的，也是环境的。包括一年中的时间，一天或夜晚中的时间。你饿不饿？天气热吗？你跟朋友在起吗？你在车里？你要到哪里去，为什么？每一种情境都提出了一种你的企业可以以更好的方式去满足的需求。

这就是棘手之处，也是情境中存在一种复杂精妙的媒介艺术的原因：以这种方式传递的企业信息说明我们始终处于监视之下，再没有比这更明显的证据了。

情境战略始于理解最有可能影响销售的条件，但是远比"你现在就需要，所以现在就购买"更加深刻和广泛。媒介人员将情境的杠杆作用于顾客宣传和促销；完成向上销售或交叉销售；教会用户如何最有效地使用你的产品。下一代媒体战略将是情境战略，致力于为作为顾客的你，与你在特定时刻想要和需要的特定商品之间，以合理的价格建立联系。

媒介人员基于波动的需求和位置创造了实时促销的新类型。利用人工智能分析实时行为和情境条件（日期、时间、温度等），越来越有可能在需求出现的当时准确地提供产品或服务。甚至价格也是情境化的，一把新雨伞在刚刚开始下雨时更有价值。但是媒介人员应该注意：如果被认为是剥削和贪婪的，条件化和情境化定价就可能给你的品牌带来危险。提供拼车服务的优步（Uber）就曾经在星期五晚上提价，导致平时远没有这么贵的路线车费飙升至 200 美元，因而在社交媒体上遭遇了全面抵制。

对话

我刚刚飞到北京，时差还没倒过来。在公司中国办事处顶楼宽大的会议室里，我已经喝下了三杯黑咖啡。我和同事从欧洲总部飞来，不仅是为了跟本地营销团队共进晚餐，而且要跟他们分享最新的企业战略。新战略涵盖了产品创新，以及市场营销和销售，其背后的驱动力是一种全新的洞察：人们渴望更加富有冒险精神的生活，这种深刻的人类动机遍及全球，却从未被满足。

因为对冒险的渴望是一种企业没有满足过的新需求，因此可以说，这种战略是有争议的。实际上，企业里有些人怀疑我们的发现，阻力也很大。所以，我们不仅要面对面谈话，而且要引入外部人员来跟我们分享他们自己的人生故事，这些人是我们的潜在顾客，其中有些忠于我们的产品，但是大多数人并非如此。我身边坐着一位翻译，由于讨论太过热烈，她连停下来喘口气的工夫都没有。

必须承认，当顾客们进入房间时，我的心往下沉了一点。他们看起来不像是对冒险生活感兴趣的人。他们既不前卫，也不爱运动，他们脸上没有大胆无畏的迷人笑容，也不像自信满满的企业家那样昂首挺胸，他们就是普通人。但是接下来，他们开始回答我的本地同事提出的问题。房间里热闹起来。

"我想彻底改变我的生活，去周游世界。"一个穿着淡粉色毛衣、表情温和的年轻姑娘说。"我想做任何人都没有做过的事。"一个戴着金边眼镜、有点矮胖的小伙子说。"每个周末只要能出去，我就去爬一座不同的山。"一个穿着笔挺套装的职场女性说，"有时候我丈夫也一起去。""我在自学意大利菜，因为我喜欢学习新事物。"另一个顾客说。然后是高光时刻，来自这群人中看起来最年轻的一个："我希望每天的生活都是一场冒险。"这是在中国，一个自古以来强调个体服从整体的文明古国。但这也是一个变化如此迅速的社会，每天的生活真的都是一场冒险。

这种观点本身并不复杂。实际上，这正是我们选择这种战略的原因。但是对话会改变一切，对话会冲破阻力，为再造创造可能。

　　企业建立在关系的基础上，而关系是通过对话建立、强化和维持的。现在仍然在蓬勃发展的社交媒体渠道和实时对话更是如此。顾客期望高水平的互动和参与——以他们自己的方式。当正确的对话促成了更紧密的联系，这就是最好的媒介宣传。

　　你的企业和品牌都是一场正在进行中的对话的一部分，媒介人员的工作就是确保公开参与，为互动沟通创造环境和条件。不仅在线上，而且要随时随地、通过经验和事件介绍产品。媒介人员要考虑如何将推销环境本身打造成更适合对话的空间，让销售人员与顾客沟通，同时顾客之间也能彼此沟通。

　　这不只是利用对话来销售产品，而且意味着从互动中发现新的产品特征，做出有效的推荐。对话本身是有用的、能够创造价值的，但是从对话中获得的洞察在你的企业深处还拥有第二次生命，它们能够驱动新价值来源的最优化，无论是更高效的传送系统、新的产品特征、产品线的延伸、潜在的零售区位，还是更有效的促销信息。当媒介人员与顾客的对话成为常态，持续不断地将顾客的观点、愿望和需求导入组织，对传统的市场调研就没有什么需求了。媒介人员的任务是建立和维护一套沟通体系——既包括数字的也包括人际的——保证实时洞察能够渗透到企业的每一个角落，并顺利地转化为价值。

　　如果这听起来有点玄，让我用直白的语言来解释一遍。当一位媒介人员（或他的软件）捕捉到一种对话模式，显示人们对顾客服务的等待时间感到不满，这一信息将立刻传达给顾客服务部门，而不是写进报告中。当一位媒介人员看到人们对某项即将颁布的法案感到不安，就知会宣传部门，立刻将企业对该法案的观点反馈给公众。这意味着消除时滞、与时俱进，让组织始终处于那些顾客最关心的问题的前沿。

媒介人员是这些对话的主持人和催化剂。对话不仅是关于产品和品牌的。在良心经济中，媒介人员参与人们最关心的话题的讨论。他们投入全社会的热烈讨论，并且建立程序，提供理由，让人们围绕你的企业能够拿出解决方案的问题、灵感、梦想或亟待发展的目标展开对话。

社交技术和智能分析的融合将发挥重要作用，从多种实时互动中管理、同步和收获有实用价值的洞察。但并不是所有的对话都需要依赖技术。个人的、现实的互动是最有效的对话，媒介人员要经常把不同职能部门的人面对面地介绍给企业所服务的真实顾客。正如我们在北京看到的，再没有比面对面地认识某个人更能改变你的观点的了。

你的目标不仅是成为一家人们谈论的企业，而是从你听到的东西中学习并学以致用，从而成为一家受人们爱戴的企业。

清晰度

随着需要监控的对象越来越多，清晰度变得比以往更加重要。因为良心经济不仅重视你的产品能够做什么，而且重视你如何生产、你的运营对世界有什么影响、你如何对待别人、你的政治倾向等，要传播的东西从未如此之多。但是我们的生活已经信息过载，应对能力有限。因此，媒介人员必须从广泛的事实中提取出不仅有意义，而且可以付诸实践的摘要、简介、推荐或报告。

在一个数据和分析以指数方式增长的时代，媒介人员是情绪制造者。媒介人员为组织中的其他成员对洞察和预见做出过滤、简化和解释。媒介不仅要监控数据和内容，而且要将清晰、可用的数据揭示出来。

清晰度包括透明度，全球语言监测机构（Global Language Monitor）——顾名思义，这是一家监测全球语言的服务机构——将这个术语收入了其商业流行语榜单。媒介人员有责任确保真相得到全方位的分享，确保用真实的信息澄清混乱的局面。识别对每一方利益相关者特别有意义的东西至关重要。在良心经济中，这包括分享企业如何运作、其运营有何影响，以及如何用产品创造更美好的世界的建议。这些内容不仅来自企业内部，也来自与企业有关的顾客、供应商、生产者和粉丝组成的社区。

实时数据允许媒介人员试验一系列不同的信息，做出评估、改编，采用其中最有效的。这没有否定强有力的沟通和书写的重要性；在良心经济中，你的信息越有感情，就越有力量。我们现在有办法更快地得到更好的反馈，做出必要的调整，不仅驱动成功的销售，而且为整个企业带来有效的成果。换句话说，从人力资源到运营，媒介人员可能掌握着持续改进所有企业职能的钥匙。驱动销售是最重要的，但是组织生活的方方面面都将从实时反馈和清晰沟通中获益。

如果说信息是当代企业的命脉，成功的媒介将是企业的心脏和循环系统，将有用、清晰、真实的信息输送到身体的每一块肌肉，为前进和成长贡献力量。

凝聚力

凝聚力意味着让事物（和人）齐心协力。媒介人员建立和维护企业和顾客之间互惠互利的联系。通过分析数据，以直觉的洞察和预见为杠杆，从由他管理和促进的持续对话中发现模式和机会。他识别出那些最有可能购买你的产品、为你做宣传、能够最好地代表你的人，想办法吸引他们、完成销售、帮助他们以你（和他们）的名义同其他人建立联系。在任意时刻，人们都需要或渴望某些东西，媒介人员拥有智慧和热情，准确地知道应该什么时候出手，在正确的时间提供正确的产品。

凝聚力也意味着保持宣传和品牌的一致性，从而使得无论顾客在哪里都能识别出你，被你吸引。媒介人员建立规则，必要时还会严格推行这些规则，以确保每个人都能共同执行计划，包括将全球化发展的企业关键身份和战略与本地文化差异和本地销售需求结合起来。这是国际市场营销的经典困境：在全球化和本地化控制之间找到正确的平衡点。

良心经济比以往的任何经济体系更加去中心化，因此"控制"的概念在很大程度上过时了。这就是为什么凝聚力是比控制更实际的目标。本地市场和全球总部不是对立的；它们之间越来越容易保持通话。媒介人员确保前线输入处于总部输出的一切的核心。与此同时，本地媒介人员必须承认和拥抱这个概念，即对于本地顾客，全球发售的重要价值就在于全球化；因此，与国际标准保持一致至关重要。选择全球品牌的本地顾客就是选择了成为国际化的、更广大的整体的一部分。

并不存在一个所谓"正确"的本土化数量。这是一个经济效率的问题。利用国际资产而不是反复重制，显然比普遍撒网更加具有成本效益，在一个日益全球化的世界里，顾客能够从国际化的多元视角看到你的品牌。碎片化不能建立信心，而一致性却可以。

实际上，只要保持一致性标准、坚持品牌行为、让企业的声音可以被识别，本地制订的计划就是最有效的。

媒介人员要在这几个最重要的方面保证一致性：社会和环境影响、人们关心的目标和问题，以及你提供的产品。通过驱动创新和通过媒介过程产生一致的产品规格，媒介人员能够让你的品牌、你的行为和你销售的一切保持一致性。

创造性

关于创造性的科学和艺术有卷帙浩繁的著作。我将它们高度概括：与大多数其他定量的业务过程不同，创造性既不是自动的，也不能人工设计。只有在创意能够流动、原型能够制造、灵感充足、敢于不计后果地尝试有风险的创意的情境中，创造性才能繁荣发展。创造性人才需要截然不同的领导和管理风格，与企业中几乎任何其他部门都不一样。创造性也需要不同的现实环境。这就是为什么有那么多企业将创意过程和创意产出外包给广告代理和设计企业。实际上，外包确保了这一过程不受企业日常紧急事务的影响。

这是一种耻辱，因为创造性及其产物——创新——是企业价值的主要来源。将创意执行外包还说得过去，但是不能将价值创造本身外包。在良心经济中，产品就是信息。因此，媒介人员有责任在企业中创造一种安全、激励的环境，使创意和创新能够繁荣发展，包括从物理空间和创意工具，到一连串激发新灵感的举措。

媒介人员也与你的财务团队密切合作，生成丰富、有意义、可行动的综合报告，将组织内外正确的人和职能与组织内外正确的信息联系起来。因为媒介人员既擅长分析又擅长讲故事，所以他们能够将数据转化成"意义"。

在良心经济中，产品特征、生产过程和社会影响之间高度重叠，这是差别化销售信息的来源。因此，媒介人员最终要对产品创新和设计负责。因为他们有与顾客对话的动力，他们能够将学习直接转化为价值创造——产品创新、设计、用户界面维护、销售信息更新等。媒介人员将商业智慧和实时顾客洞察翻译成产品和销售信息需求的清晰定义。成功的媒介部门是组织的终极创新之王，它的终极目标是：创造应对社会和环境挑战并将其纳入品牌内部的新方法。积极的影响是创造性的基本指导原则。

创新越来越成为一个合作和集体的过程。媒介人员革新企业价值的最有效的方法是：创造条件，让人们分享关于你的产品和业务过程本身的真实故事和丰富经验；感动人们，让他们为共同的目标走到一起。通过让购买行为更有意义，媒介人员能够提升顾客对产品和服务的购买意愿，同时改进我们的世界。

第七章

集体创新

创造性是人性中最伟大的力量，不过在企业中我们常常将其边缘化了。除了人类，没有其他物种会从本质上为了创造而创造。动物会筑巢、伪装自己，或者发出音乐般的声音，但是它们这样做只是为了实用，而不是一种创造性行为。动物不会为了消遣创作艺术或音乐。拥有创造性是我们之所以成为人类的重要原因。

我们也是社会性的动物。为了生存，我们需要彼此，我们从群居中获益。群居不仅让我们更快乐，而且让我们更有效率和良知。社会性与创造性结合在一起，共同成为人类进步的动力。突破性创新已经成为一种集体过程。

我们对身份的集体意识越来越强。"我"和"我们"之间的辩证关系正在改变。网上"自拍"的激增代表了一种将媒体当作镜子的趋势。自我赋权和更加自利的导向似乎代表着未来的趋势，但是仔细观察会揭示不同的真相：对于新一代来说，我就是我们。多年来无处不在的普遍联系打破了自我和其他人之间的边界，创造了新的群体形式，不再依赖地理上的相邻性。浏览社交媒体站点，特别是个人评论，你会发现在很大程度上，人们对远离自己现实生活的问题的感受。乌班图，我之前描述过的有关集体身份的非洲概念，正在越来越多的人当中成为一种自然的意识形态。

智能手机和平板电脑让我们的意识能够立刻进入不同的地点和情境。我们可以与不在身边的人实时交流，就像我们正坐在他们对面一样。我们可以一边在会议室里召开实体会议，一边通过屏幕上的聊天窗口进行对话（我共事过的一家企业的高管非常喜欢这样做，另一家企业则把这当成电话会议的战略方法）。数字情境过去被限制在桌面，现在我们已经进入移动时代。我们可以在逛街购物的同时在线聊天（或者相反）。我把这种现象称为"并发"。我们的现实和数字情境可以既融合又分离。

甚至在十年前，并发还不存在。可以说，这造成了注意力持续时间的缩短。谁没有过这种被冷落的感觉：桌子对面那个人更关注虚拟世界而不是现实？我就经常为开小差查看WhatsApp感到愧疚。许多人尝试建立智能手机礼仪的普遍规范，目前还没有成效。但我相信时间会证明一切。（我们过去也习惯在办公室里抽烟。）除了不礼貌，这种分身能力还是利大于弊的。随着它成为日常生活的一部分，而不只是一种逃避现实的麻醉剂，我们将越来越熟练地使用它。我们将更加细致入微地感受身份和与其他人的关系。我们将感受到字面意义上的亲近，而不需要实际在场。不仅是跟朋友，而且包括陌生人。这一切已经在发生。人们在虚拟世界中团结协作，选举领袖，表达对现实问题的喜悦或愤怒，支持同一目标，共同开发软件。

感谢勇敢无畏的先驱，美国成了个人主义心态的典范，代表着与集体导向的东方文化截然不同的思维方式。个人独立和自由是至高无上的，不仅是拥枪派的说客这么想。不过美国的普通年轻人开始与全世界其他地方的年轻人越来越相像。以集体主义传统为核心的文化，比如中国和印度，看起来不再那么陌生。维亚康姆（Viacom）的市场营销主管给我看过一则视频，令我大开眼界。视频是 MTV 的一个顾客洞察团队制作的，以纪录片的风格描绘了团队从美国的新一代公民那里了解到的情况。视频中的年轻人代表了各种各样的背景和文化偏好。如你所料，他们谈论自己的爱好，从滑板运动到烘焙和体育，不一而足。但是他们最感人的共同点是：他们都珍视父母、家人、朋友和社区胜过一切。尽管人们总是说年轻人以自我为中心，但市场研究表明，新生代是所有研究对象中最重视家庭、最有社会同理心的一代人。

因为他们从来没有经历过没有彼此联系的生活，他们已经习惯了持续的分享和沟通。从 Snapchat 到 Instagram，从 WhatsApp 到 Skype，他们熟悉各种即时沟通方式。他们也擅长自媒体制作，贡献他们的观点，在网络上对他们遇到的一切发表评论。他们所知道的媒体，从来都是可以操作、控制、再编辑和分享的。他们所认识的世界，从来都可以自由地传播观点。他们可以为自己的思想找到成千上万的听众。创造性从来没有像今天这样民主。

身份的集体意识越来越强烈，人们更加倾向于持续表达和分享，与家庭和社区的联系感不断加深，这种趋势是创造性的有力催化剂；实际上，这正是良心经济的标志。如果说互联互通是新兴的良心经济出现的原因，那么集体创新就是良心经济的发动机。

有两种朝着目标共同努力的模式。一种是建立共识，致力于让有着不同目标的多样化群体联合起来，朝着同一个方向前进；另一种是真实合作，让一群人，有时候甚至是一大群人，齐心协力地创造某种新事物。一个是参与变革的无与伦比的力量；另一个是创新杀手。

共识：创新杀手

共识和合作之间存在巨大的鸿沟。在良心经济中，不能理解这种差异将是致命的，对人和思想都是。

在一般情况下，共识是一种可行，甚至可贵的理想，例如，公共领域中的民主治理和可行政策是共识的体现。但是在工作中，共识会扼杀创新。而合作能够成为最有效的创新催化剂。

共识和合作看起来非常相似，在某些情况下，这两个术语甚至可以互换。这里需要注意，因为"合作"这个词经常被用来指代共识。这是因为大多数大型组织真的非常非常喜欢共识。它们不喜欢自找麻烦。它们喜欢人人都和睦相处，表示同意。实际上，众所周知，北欧国家的整个企业文化就是共识驱动的。如果团队不能全体一致地同意一项决定，这个方案就寸步难行。

当然，不可能每个人总能意见一致。这正是我们人类的多样性、我们的丰富经历、我们基因的复杂性的美妙之处。共识并不总是好事。毕竟，有不同意见才能进步。当我们勇于表示不同意，相信另一种方法能够催生新观点，我们就为重塑周围的世界创造了可能性。当我们固执己见，或者把精力都放在让其他人同意我们上，通常就会失去创造性摩擦带来的益处。

当然，建立共识是一种技能，经常出现在猎头为高层管理者准备的职位说明书中。实际上，大多数董事会和领导团队都以这样或那样的方式，通过共识制定决策。

与此同时，"赋权合作"是一个不那么常见的术语。仔细想想，你就会发现这很奇怪。因为合作是一种有效得多的方法，如果使用得当，就不需要再建立共识。如果解决方案非常有力，制定方案的人都能从它的成功中获益，那么执行就是最符合逻辑的选择。让人们参与这个过程，而不仅仅是说服他们，确保了解决方案是他们自己的选择。

这就是为什么建立共识对创新如此危险。创新意味着引入新事物，以前从未见过的事物。共识意味着同意，通常包括一定程度上的妥协。

创新意味着离开舒适区，探索新的可能性，去安全、轻松的已知领域之外冒险。建立共识的时候，通常包括赶走一些人、击败一些人、找到不和谐之处并加以处置，最好是打磨光滑。共识磨平棱角，就像波浪冲刷岩石一样。这是一个做减法的过程。

但是创新需要锋利的棱角。创新意味着创作不一样的、令人惊喜的、冒险的东西，因此一开始通常都是小众的。理想的合作是一个做加法的过程，非常有益于创新。因为当你把不可能的材料组合在一起，而不是将它们分开，就能得到某些新东西。这是变革的催化剂，而不是障碍。

近二十年来我经历过许多集体创新。其中有三个特别案例，可以作为有用的模型，供不同行业的企业参考。第一个是超本地化社区协同创新项目，第二个是全球化社交和数字创造性众包项目，第三个是快速原型化过程。

社区协同创新

在复杂的社会争论，特别是公共部门的争论的交会点上，项目需要在敏锐的洞察力、同理心和直言不讳之间取得微妙的平衡。项目的成败取决于涉及的所有人的动机。

旧金山的卡斯特罗区或许是世界上最著名的同性恋街区，但是在十年前还没有本地的健康中心。考虑到各种各样的公共健康问题——从滥用毒品、心理健康、离家出走到性传播疾病——对社区的影响，以及其作为政治活动和身份包容中心的地位，这种本地健康机构的缺失相当出人意料。

但是接下来，同样出人意料的事情发生了。大量资金涌入，致力于在地理上的核心区域创建这种机构。这是个奇迹，不过问题重重。比如，有人说这笔钱沾满鲜血。

事实上，这笔钱来自一家大型制药企业。旧金山艾滋病基金会（The San Francisco AIDS Foundation）是对抗艾滋病的创建最早、最负盛名的组织之一，该组织认为艾滋病药物的宣传存在误导和夸大，一直在与这种现象做斗争。在振奋人心的照片中，精神矍铄的老人和肌肉强健的年轻人在爬山，如某些人所说，这给人一种印象，感染 HIV 没什么大不了的，只要治疗得当，甚至能使人比以前更健康、更有魅力。该组织认为，这种广告可能使人们低估感染 HIV 的危险，进而增加人们对特定药物的依赖性，扩展这些药物的市场。

一群社会活动家与基金会合作，制造了一些影响。作为补偿，涉事企业提供了一笔资金，指定专门用于在卡斯特罗区建立健康中心，满足这一社区的特定需求。

现在，想象一下。这里是旧金山，一个星期中的每一天都像华盛顿大游行一样喧嚣。这个城市中充满了受过良好教育、积极进取的社会活动家，其中许多人罹患过曾经危及生命、现在可以治疗的疾病。突然间有了一大笔钱。谁来决定怎么花这笔钱？应该用它来做什么？讨论应该如何展开？

几个月前，我对一位同事和熟人表达了对本地政策的兴趣，他是贝恩公司（Bain & Company）的非营利分支机构布里吉斯潘集团（Bridgespan Group）的咨询顾问，这个组织致力于为社区和非营利组织提供顶级战略管理建议。在他的正职之外，他还深度参与本地社区工作。当我说"我想对公职有更多了解"时，他苦笑着说："你不知道那有多复杂。跟社区比起来，企业就像是野餐。"无论如何，当金钱从天而降时，他邀请我加入为了决定如何花这笔钱而自发组织起来的团队。我怀疑他的计划是永久性地扑灭我对本地政府的幻想，但他只是说，他觉得我能帮上忙。

对话一场接着一场，但是我越来越明白，我们永远无法达成共识。没有人会同意任何事。我们甚至不能一致同意把 HIV 本身说成一件坏事。

但是我们正面临危机，同时有机会做些什么来应对危机。我们必须想办法向前迈进、共同创新，而且要快。

所以，我们共同创造了一个过程，现在我称之为社会化设计。与这个团队共事最好的一面就是，他们非常欢迎发明新的工作方法。我认为正是这种面对变革的开放心态促成了后来发生的事。

我们决定，与其我们自己拿出一套设计方案，不如邀请和委托社区本身来设计。不是对预先制订的计划发表评论，也不只是查看社区投票箱，而是真正让机构自己设计自己。

我们的处境非常独特，我们知道要租用哪处房产。我们知道地点，我们只是不知道该拿它怎么办。所以我们决定像许多事情一样，从街头开始。我们提前在卡斯特罗区的居民当中宣传自己，这样我们就不是街头的陌生人了，我们有了一群对此事感兴趣的市民。我们设计了 T 恤，标明身份，我们带着写字板（平板电脑当时还没有被发明出来），询问街头的人们他们希望在附近看到什么。谈话的最后，我们问他们是否愿意参加社区设计团队。在数百次访谈之后，我们从当地招募了大约30人，参加下一阶段的项目。

我们为这些人举办了一系列研讨会，他们出席可以领到报酬。我们只提供最基本的需求概述——这一机构将是社区的健康中心，但不一定是一家诊所，它可以是团队设计的任何东西。

首先，每个小组都创造了角色模型，代表将会使用这个地方的人物。他们扮演现实中的人物，给他起名字，用丰富的细节描述他，从而为这一人物角色最喜爱的经历建立模型。

然后我们提供原始空间的蓝图，让人们想象其中会发生哪些事情。他们会看到什么？他们会遇到谁？他们如何在空间中移动？那里会发生什么事？最重要的是，什么会吸引他们第一次走进去，什么会让他们成为回头客？

随着不同的小组完成情景模拟，一些设计原则从他们的合作中自然地出现了。例如，大多数人认为他们的角色模型被人看到走进一个明确与健康相关的地方会感到不舒服，他们将寻求医疗服务与耻辱联系起来。选址在主要购物和娱乐区正中央，消除了审慎行事的一切可能性。因此，设施需要一个与医疗服务无关的表面上的用途，需要作为一个社区中心、一个社会活动场所来运作。即使客户是去看病的，看上去他也可能是去参加一次艺术展开幕式或者购买本地纪念商品。

来自小组的另一个需求是物理空间本身应该被划分为不同的区域，处理各种不同类型的互动（或者非互动）——从匿名到与工作人员推心置腹地交谈。我将这种新型的空间划分称为"私密划分"。

在社会化设计研讨会之前，我们的指导委员会最初的假设是门口最好有一个接待员，欢迎人们进入。但是当小组成员接手设计过程后，发现这样做显然会适得其反。健康问题是非常敏感的，如果某人正麻烦缠身，特别是这麻烦还与心理健康有关，一句热情的"你好！"恐怕不是恰当的反应。小组设计了一种体验，将接待员放在空间后方。你越深入，互动就越"亲密"。访客可以按照自己的步调探索整个空间。当他们第一次走进来，他们会到达"匿名"区——没有接待员，让他们停留在感觉舒适的层次上。如果他们有进一步的问题，他们可以在后方找到接待员。

在最后具体说明设施将如何布置和实际运行时，这些互动规则和空间分配原则变得至关重要。一切都是由将会成为项目客户的社区成员设计的。医生、建筑师、健康专业人士，甚至零售设计师永远无法提出这些解决方案和空间利用方法。我也不能。集体创新提出了突破性的，事实证明也是最有效的解决方案。

结果，马格内特（Magnet）诞生了，十年过去了，它仍然在骄傲地履行着自己的服务目标。它证明了集体创新的力量，以及邀请那些将要从产品和服务中获益的人们参与设计过程的有效性。现在回头看，我意识到当年我们的做法就是今天的众包。

创造性众包

可以说，这一切都是从开源软件运动开始的，带有 20 世纪 60 年代协同软件开发的基因，在千禧年之交达到相当大的规模。开放源代码，让其他人都能使用、修改和改进的原则与良心经济的价值观一脉相承。集体创新能够创造大量有价值的资产。结果，建立在开源平台上的系统和解决方案能够提供更多价值，因为它们本身就是相互关联的，兼容性和扩展性更强，因此也更有用。

有人说仅仅开源还不够，还应该将有助于操作和补充程序系统所需要的信息一并开放，才算得上有良知。这场运动正在朝激进式开放的方向发展，不仅包括重制软件的实际工具和方法，而且有朝一日将涵盖几乎一切事物。

众包这个术语是 2006 年出现的，正在成为一种创新的可行方法。无论你在制定解决方案时是否邀请社会参与，新一代民众自然会有希望参与的倾向。众包作为一种哲学和技术，最有趣的一点是它打破了先前个人专业技能的概念。这也是一种邀请对你的产品或服务感兴趣的顾客或观众参与开发的方法。

我和我的市场营销团队曾经完全基于众包的愿景开展过一场国际广告宣传活动。活动内容是通过照片分享，关注日常生活中那些惊人、奇妙和美丽的事物。我们相信通过收集业余摄影师和普通人（不过实际上任何人都不普通，不是吗？）在他们日常生活中记录下来的实时影像，收集他们每一天的不平凡经历，我们将创造一场对话。征集活动本身就是对话的机会，结果会带来越来越丰富的图像，成为我们目标顾客的真实反映。

这并不容易。事实上，我做了大量的说服工作，让我的团队和企业的其他人相信这比请一位摄影师拍摄照片更有价值。正如企业的创意合伙人指出（随后出色地执行）的，我们需要创造一整套新过程，激励人们提交照片。我们需要提供指导，告诉人们我们想要什么；又不能有太强的指令性，从而扼杀了他们的创造性。我们需要为图片的征集、收集和分类、编辑和选择建立一种基于网络的基础设施和内容管理系统。我们需要在适当的位置上提供一套支付系统，说明版权管理政策等。尽管最后这种方案只比雇用一名摄影师便宜一点点，但是无疑其构建和运行需要付出多得多的劳动。一开始，这一切不会自动发生。共识一定会扼杀这个方案，还用说吗？

这是一次实验，结果收获颇丰。我们不仅收集到一些感人至深的照片，这是我们自己永远想象不到的，还有幸看到主题从中浮现。提交的图片代表了我们顾客生活中那些对他们来说日常而又不同寻常的时刻。额外奖励：在这个过程中，我们获得了几乎实时的可视化市场洞察。

感谢数字和移动摄影的巨大进步，我们的视觉敏锐度在增加。人们能够立刻分辨出一幅职业摄影师拍摄的图片（一些企业试图卖给我东西）与一幅同伴拍摄的图片之间的差别。有了众包，过程和结果能为双方创造价值。这是一个双赢的局面。

快速原型化

在集体创新中，速度越快越好。快速原型化是利用集体创新力量的一种有效技术。

以下就是为什么快可能变成慢。正如破坏共识的风险厌恶者一样，我们自己的心灵有回避风险的倾向。当我们想象某件事物时，一个小小的声音就会对创意产生影响。逻辑是强大而根深蒂固的，它是一种生存策略。但是如果我们致力于快速创造，我们的想象力可以超越逻辑。

这个术语中的"原型化"指的是制造，而不仅仅是讨论。我是最不可能把讨论放在不恰当的步骤上的人了，但是有时候（讽刺的是，合作就是这些"时候"之一），无论初衷多么良好，讨论还是会扼杀而不是创造可能性。

在最近的一次地区创意会议上，我带领一群来自全欧洲的年轻专业人士——几乎都在 35 岁以下——实践快速原型化方法，不过做出了一点小小的改变。他们的任务不是渐进式改进某种特定的产品或特定类型的服务，而是创造一个改变世界的元解决方案，它将会彻底改变人类努力的某个特定领域。他们必须从三大类创新中选择一个：医疗保健、教育和金融。然后他们有 45 分钟时间重塑这个行业未来的运行方式。用 45 分钟来改变世界。

还有一件事。最初十分钟他们不被允许交谈，他们必须使用绘画的方式沟通。为什么？有两个原因。首先：谈话可能是一种文学想象，而通过绘画来安静地沟通是开始讨论的最快方法。这是为了提高速度。

他们要画的第一件东西是他们认为真正的根本问题是什么。因为通常，我们还没有搞清楚真正需要解决的问题是什么就一头扎进了讨论。例如，"销售额下降了，我们需要搞一次促销"。但是真正的问题可能不在于销售信息或定价，从货架位置、销售人员缺乏知识，到配送物流不畅，可能有各种各样的原因。反复推敲、找到真正的问题所在，是良心经济中关键的核心能力。你可能认为在今天的企业中这已经是理所当然的，但实际上并不是。决策的加速经常会消灭缜密的思考。

讽刺的是，尽管这是一次创新练习，但完全是关于速度的。所以，让我们回到改变世界的会议上。一旦小组画出他们对真正问题的理解（我充满兴趣地注意到，这总是与不能获得关键信息，以及资源和系统性缺陷有关——所有的团队都感觉关键问题是可及性的问题），就该提出解决方案了，他们也可以开始交谈了。这时候，他们还有半个小时多一点的时间。

快速工作能够激发人们的能量。出人意料的是，每个人都能想象出游戏规则的改变者，以及在我看来技术上切实可行的概念。

实际上，有些解决方案非常令人惊叹，我后悔没让我的专利律师参加会议。他们发明了一种被称为健康网络的概念，这是一种直觉的、易用的社交网络，将移动诊断、个人经验实时分享和集体资源结合在一起。他们发明了一种移动应用，将日常生活转化为某种虚拟学校，让环境挑战成为特定情境——时间和地点——下的课程，在虚拟社区中分享经验，形成最有价值、最有意义的积极成果。他们还发明了一种可交易的新型货币和信用体系，将人们积累的生活经验的价值量化，从而激励人们帮助自己和周围的人们，让每个人都受益。

| 材料和形式 |

集体创新不只是公开征集观点和建议，而且意味着鼓励其他人积极参与创造新事物的过程。这不只是一种沟通战略（尽管通过邀请其他人加入，无疑会实现战略沟通目标），而且是一种了不起的学习方法。从中产生的结果令人惊叹，而过程跟结果同样富有成效。

群众化

群众化是一种大规模的虚拟合作。随着实时社交技术被更多使用，以及视频会议取代摄影，成为虚拟远程沟通的主要手段，从企业外部促进、管理、收获和资助创意变得越来越容易。群众化不只是关于创意和观点的，也适用于资助和创造实体内容。

众筹现在是一种众所周知的手段，为那些可能不受主要投资人重视的创意募集资金，个体消费者用他们的钱包做出了投票。众筹不仅是一种帮助企业起步的方法，还预示着即将到来的新事物，因为人们愿意用他们辛辛苦苦挣来的钱为他们认为有意义或者具有颠覆性的事物投票。通过增加与企业成功息息相关的利益相关者的数量，群众化从根本上创造了一种商业机会和财务责任的归属感。它让越来越多的人拥有成为企业投资人的经验——幸运的话，还能享有收益。

众包将继续在我所谓的"实体内容"——有用、可行、人工生成的信息——的创造中成为核心技术。特别是在被嵌入移动地图和导航之后，众包的贡献将是生成即时建议的最迅捷、最有效的手段。自行车骑行者可以为最平坦、最安全的穿城路径提供建议；购物者可以分享他们的发现。在良心经济中，企业会激励人们贡献他们的经验、观察、愿望和发现。参与的人越多，整合的内容就越有用。"人际互联网"将成为企业价值的智能动态来源。

但是群众化也可以在企业内部发生，不仅解决产品问题，而且监控运营道德、改进运营的环境和社会影响，以及识别价值创造、效率和增长的机会。

修补

现在人们普遍期望技术、软件，甚至生物学都能被集体渗透、侵入、干涉、操纵、破坏、重组和重建。想象一下你创造的产品或服务，让它们在一定程度上是能够被控制、重构和被群体改进的。可编程性意味着没有什么是固定的，目标、信息和功能都是流动、可变的。修补作为一种集体冲动，可以被企业用来改进过程、沟通方式、产品和服务等。维基百科就是用修补和集体调整来改进最终结果的典型例子。

制造

从厨房到硬件工作台，人们对加工、建设和制作事物重新产生了兴趣。年轻人自己制作啤酒和腌菜，组装自行车和开办企业。他们痴迷于技艺和质量。这是对一切事物技术化的反应吗？是现实世界版的自我赋权吗？

3D 打印很可能变得像普通打印一样普及，可以对《星际迷航》中的物理对象进行设计和复制并带给更广大的人群。我们的生活中几乎一切都数字化了，或许正是因为如此，一种亲自动手的渴望应运而生。3D 打印将重新定位制造业的基础，特别是工业产品的零部件，最终也会波及顾客定制产品。你的企业如何提供帮助人们共同参与制造的产品和解决方案——不仅是晚餐，还包括学校和交通系统？

合作修理

买买买，现在的经济体系对我们大声疾呼。那么，修修修怎么样？"修理"能够成为新的"制造"吗？不是回到经济紧缩时代的"修修补补将就用"，而是为了获得成就感而大规模地接受修理、废物利用和升级改造。人为的计划报废与良心经济的价值观背道而驰，这可能破坏品牌受信度。产品企业不愿意人们修理东西，而是希望他们购买更多，但是修理、升级和维护能不能成为新的方向？新兴的修理社区为你的整个产品系列提供了一个平台，服务延伸、交叉销售和向上销售都将获得有利可图的机会。

开源允许程序员在数字世界中修理一切。下一个阶段：进入现实世界。在现实世界中修理东西，无论是鞋子还是经济体系，都非常令人满意。让我们喜爱的商品重获新生的感觉棒极了，而且能够加深我们对一个品牌的感情。Nudie 牛仔注意到了这一趋势，开展了一个牛仔裤免费修补项目，让旧裤子重获新生。因为我们都知道，牛仔裤越旧越好。很多事情都可以这样做。修理建议也可以众包。修理界的维基百科 iFixit.org 宣告了"修理革命"的到来，丝毫不带嘲讽之意地声明："修理是自由，修理创造工作机会，修理是可持续发展。"与此同时，popuprepair.com 等网站的弹出式广告帮助人们在现实世界中建立社区，照管那些我们拥有、依赖和珍视的物品，并让它们重获新生。你如何招募和激励你的粉丝群体，让他们组成你自己的"天才吧"？

微任务化

工作的数字化和移动化使得把许多工作流程分解为独立的任务成为可能。可以将任意目标分解为一系列小型化、模块化的工作任务——微任务，再将其分配给一大群人，完成后再重新组合起来，甚至随心所欲地重新配置。从文档翻译（按句子划分）、基础数据计算和数据点的检验，到通过数码照片或评论共享日常观察，从数据管理到匿名人道主义救援，广泛而持续的项目都能分解为微任务，分配给一大群人。微任务化解决方案提供者之一 CrowdFlower 甚至宣称拥有一支 700 万人的"工作团队"。微任务可以游戏化。例如，可以将完成微任务嵌入辩论赛或作为购买激励。这能够改变完成工作的方式。

放弃权力的力量

著作权是一种力量，实际上，通过在企业中采用集体创新的战略原则，你可以与其他人共享这种力量。放弃权力并不令人愉快，特别是对于企业领导者。但是想想看：无论你是否主动公开价值创造过程，最终顾客都会有办法闯入你的世界。集体创新将成为价值增长的丰富来源，不仅因为它提供了更多经过顾客证明有效的解决方案，而且因为每一个参与者——无论是员工、顾客、供应商、合伙人还是公民——会自然而然地更加忠诚、更有帮助和更有价值。当人们感到他们与创新息息相关，他们会更愿意代表你去推动它。

将集体创新视为整个组织的指导原则，使其成为企业文化的一部分。在预算和管理原则中为失败的可能性预留空间，确保人们能够看到你是勇于承担风险的。下面有一些起步的方法：

·从"什么"开始。识别你的企业中容易开展集体创新测试的领域。尽量去考虑那些看起来不太可能实现开放合作的项目，例如，员工激励、激烈的竞争行为，或者一次促销活动。

·接下来，决定"如何"。你能利用哪些现有的平台？依据创新的性质，它们有多可靠？你可能需要建立一个安全的专门环境，或者利用第三方解决方案和社交媒体平台。要保证虚拟合作平台出现在 CTO 日程的前几项。

·将集体创新纳入产品开发过程的早期阶段。招募顾客团队，与创新团队共同创造产品和服务的概念，采取面对面或虚拟的形式都可以。

·从试点项目开始。选择一个准备集体化的特定项目或目标，用它来建立一个可扩展的、能够应用于企业中其他项目的合作平台。平台既可以是数字的也可以是实体的。一种有效的方法是从现实中的合作开始，从确定平台需求的过程中学习，然后将其虚拟化。

·尝试更有挑战性的计划：从企业内外邀请一些人，在品牌和产品的保护伞下解决世界上最困难的挑战。比如说，招募人们来解决大规模失业的问题，作为你的品牌成员，他们会怎样做？用结果来指导你的产品改进和定位。

·推行集体创新的文化，在领导力沟通、市场营销、信息传播中和销售点上，尽可能积极、公开地支持最具突破性的新思想，以及提出新思想的个人和团队。

在良心经济中，无论是过程的改进和优化、产品和服务的改进和创新，还是传递积极的环境和社会影响，企业的成功需要更广泛的拥护者来共同创造价值。整个世界正在变得越来越相互依赖。企业依赖于更加相互依存、彼此负责的关系。这意味着是时候重新思考企业责任的问题了。

第八章

新责任

世界局势十分严峻。这对所有有智识的人们都显而易见。我认为困难在于这个问题如此复杂，通过报纸和广播呈现给公众的大量事实使得街头的群众不可能对局势做出清晰的评估。而且，这个国家的人们远离地球上的动乱地区，他们很难理解长期忍受苦难的人们的困境及其相应的反应。

——乔治·马歇尔（George Marshall），哈佛大学，1947 年 6 月 5 日

马歇尔计划，或其官方名称"欧洲复兴计划"，跟它的提出者、国务卿和诺贝尔奖得主马歇尔本人一样是理想主义的。乔治·马歇尔亲身经历过世界大战带来的人类伤亡、环境破坏和经济崩溃。他为战后满目疮痍的欧洲大声疾呼，为帮助地区自我重建争取政策支持，他深知这不仅是慈善事业——这是实用主义。帮助欧洲经济重新站稳脚跟对美国自己的经济和国家安全利益至关重要。直到今天也是如此，全世界的经济健康是相互依赖的。

今天最大的不同在于，我们不再远离"长期忍受苦难的人

们的困境及其相应的反应"。感谢实时数字媒体，我们比以往任何时候都更接近他们。街头的群众能够感受到个人和企业财务决策的直接结果，无论是产品购买、燃料消耗，还是企业的工人安全记录。道德的因果之轮已经不可阻挡地旋转起来。人们更容易获得关于环境—社会结果的知识，因此更加求知若渴。这种由良心驱动的需求为解决方案的创新注入了活力，使得知识和洞察更加容易被获得。伴随这种意识而来的是，人们期望企业成为世界上的一股积极力量。每家企业都需要自己的马歇尔计划。

1970 年，诺贝尔奖得主、经济学家和自由市场资本主义的守护神米尔顿·弗里德曼（Milton Friedman）在《纽约时报》（*The New York Times*）上做出了一段现在被视为具有标志性的论述。"企业有且仅有一种社会责任，就是在**遵守基本游戏规则的同时**，利用自身资源参与那些旨在增加利润的活动。**也就是说，在没有诡计与欺诈的情况下参与公开、自由的竞争**。"（黑体字是我做的强调。）值得注意的是，支持自由放任的弗里德曼也承认在企业及其生态系统之间存在着一定程度的道德契约。

我个人相信弗里德曼的论述是善意的，虽然在这个我们认为理应更加开明的世纪中，如果不看上下文，他的论断使他听起来十分刻薄。弗里德曼只是不相信主动、直接地改变社会是企业的职责。他认为企业除了公平竞争，其他事情都不应该管。当企业遵守规则（规则是由政府制定的）、聚焦于唯一的激励——利润——时，那些为了解决社会问题而建立的实体就能够取得进步。

弗里德曼没有想象到互联网带来的全世界公民和消费者力量的增长。（我曾经跟一个国际技术提供商的 CEO 讨论经济理论问题，他说："他就不是个 CMO。"）尽管有 20 世纪 60 年代末的社会剧变，但或许正因为如此，提出公开的、不加管制的供求关系将带来公平、平衡的经济，最终实现社会的稳定，不仅是理性的，甚至极其富有远见。那时，顾客还没有关心社会和环境问题，世界还没有经历媒体和活动家对大规模生态破坏事故的大肆渲染，比如埃克森·瓦尔迪兹号事件和博帕尔事件。或许这些事件制造了大规模的愤怒，让公众对企业负起社会责任的呼吁日益高涨。

这位 CEO 当然没有预料到，全球会计和金融行业不得不开发出社会和环境影响的全面分析工具。毫无疑问，弗里德曼所说的游戏规则已经发生了变化。

良心经济比之前的任何时代都更强调全球合作和参与。这不仅是因为开始讨论一个观点变得更加容易，或者使用我们新发现的数字和社会赋权让人感觉很不错。良心经济更加注重合作，是因为世界比以往更加实时地联系在一起，特别是企业层面。相互依赖和责任是生产型企业的基础，现在已经被越来越多的人所认识。我们知道的更多了，伴随知识而来的，是我们越来越感到与其他人的福利息息相关，并且对他们负有责任。这种趋势不仅在延续，而且在加速。

实际上，许多企业领导者已经承认，衡量财务绩效的方法正在经历一场革命，不仅要衡量企业的盈利能力、风险和长期价值，而且要对财务投资进行评估和追踪。

衡量企业、供应商、运输、自然资源、社区、工人和政府之间的复杂互动造成的结果绝非易事，特别是许多影响是以定性的方式揭示的。为了制定决策，高管们需要简洁的事实和确凿的数据，定性结果与企业财务绩效之间的相关性最多只能体现为波动的信号，因为社会和环境的波动性（例如，一场暴风雨、一次工厂事故或者政治体制的变革）会改变社会情境、紧迫感和人们的行为。关于这个持续波动的时代，人们已经谈论得很多了，在所有驱动企业发展的因素中，不断收紧的相互关系绝对不容小觑。影响价值增长的偶然性越强，情况看起来就越不稳定。

当然，我说"看起来"是因为稳定是相对的。我们早就不该对线性的、可预测的进步有任何期待了，无论这个概念多么令人安心。我们也早就该放弃（从来没有真正存在过的）"纯粹的"自由市场资本主义与政府干预之间的争论。亚当·斯密的"看不见的手"不再是看不见的，它已经显形。当下，看不见的手是我们、全世界彼此联系的公民，以隐喻的、数字化的形式伸出来的。我们喜欢或者不喜欢，要让其他人都知道。我们为我们最相信的结果投票，不仅通过我们的声音，还通过我们的钱包。

良好的关系

我打开手机上的 BBC 应用程序，浏览最新的国际消费电子产品博览会（CES）新闻。这是在拉斯维加斯举办的年度消费电子产品盛会，头条新闻吸引了我的目光。全世界最大的芯片制造商英特尔（Intel）刚刚向世界宣布，其 2014 年推出的芯片将是"零冲突"的。CEO 布莱恩·科兹安尼克（Brian Krzanich）敦促"全行业"一道跟进。

公平地说，英特尔不是第一个为"冲突矿产"敲响警钟的电子制造商，所谓的"冲突矿产"传统上包括黄金、钨、锡和钽。实际上，作为电子产业公民联盟（Electronic Industry Citizenship Coalition）的成员，诺基亚、苹果、惠普和大多数全球主要电子制造商都签署了经济合作与发展组织（OECD）的协定。

不过，这仍然令我感到惊讶，不是因为这项声明本身多么富有戏剧性，而是因为它在竞争激烈的科技新闻专栏中占据了如此重要的篇幅。微芯片制造业加入了社会改良的改革运动。这代表企业逻辑进入了一个新阶段：主流社会价值通过企业来体现。

无须掩饰，企业领导者日益高涨的社会热情令我非常高兴。但是尽管有这么多鼓舞人心的迹象，我还是不免对企业领导者能够在多大程度上对董事会解释这方面的重要性感到好奇。一次喝咖啡时，我向一个朋友提起这件事，她说："去跟凯文·默里（Kevin Murray）谈谈——他研究这个几十年了。"

凯文是两本领导力书籍的作者，以及良好关系集团（Good Relations Group）的董事会主席和 CEO。这家企业提供一系列服务，包括高管层次的领导力培训、战略咨询，以及品牌和公共传播。

在一个寒冷的日子，我们在他位于伦敦市中心的办公室见面，窗外能看到一座爱德华时代的阴沉的办公大楼。不过我们的谈话很快就将我们从阴沉的冬日带到阳光明媚的南非，那里是凯文的故乡，他的职业生涯从一家反对种族隔离政府的报社的新闻记者岗位开始。那里有警察巡逻、新闻审查和人身威胁。凯文说："索韦托暴乱期间，我们到了那里，藏在汽车后备厢里，跟着警察进了城。你骗自己说这是在积极地采取行动，实际上你只是在报道新闻。"但是他发现自己在越来越多地报道企业制定决策、反对种族隔离法律的新闻，这种趋势愈演愈烈。他回忆说："这是企业唯一能够采取的实际行动。"

种族隔离制度最终被推翻，在很大程度上是因为政府受到全球企业的压力，这改变了凯文的生活和职业生涯。他转而相信"企业能够成为一股公益的力量"。

他从报社离职，加入一家贸易出版机构，这些经历最终带他进入"野兽之腹"：直接为那些相对"有争议的"行业（他说的，不是我）制定战略和沟通策略，包括大型制药企业和核能产业。"我必须代表企业去跟当地社区谈话，让他们关心建设一座工厂可能向他们周围的环境中排放有毒化学气体的问题。这是初始的关系构建，是真实和感性的。一天结束时，唯一能让人们允许你做些什么的方法就是让他们信任你。"凯文说。

企业能够接触到许多人，从而能够伤害或者帮助他们，无论是员工、合伙人、供应商、顾客、销售商，还是社区成员和公民。"这跟利益相关者无关，"凯文最后对我说，"这是关于关系的。"措辞上的简单变化，对企业来说意味着更人性化、更有良心的方法。

正如凯文说的，利益相关者管理是理性的，而关系管理是感性的。企业有能力表明立场，建立文化偏见和道德价值体系，并将其用于加深信任、增进这些关系的效果。我问他对于讲求实际的企业高管来说，这一切会不会有点不好消化。他笑了。"所有登记在册的企业的总价值有多少？60 万亿美元？其中有多少价值是无形的？"他指的是顾客忠诚、品牌价值、未来的收入潜力、风险水平之类的东西。"我相信全球企业价值中有 30 万亿美元是我所说的软资产。没有人愿意看到软资产的亏损。信任是有真实货币价值的，能够直接影响现金流。"

正如凯度未来观察（Kantar's Futures Company）的多年度全球监控所显示的，信任实际上具有货币价值。信任增长 1%——由顾客对企业声誉和行为的认知，以及他们对品牌的感受来佐证——能够带来企业价值 3% 的增长。这种增长得益于持续的重复购买、成功的向上销售和交叉销售，以及顾客宣传的效果等。

但是现在的信任趋势令人担忧，凯度年度研究显示，由于全球化，对企业的信任不升反降。全世界 71% 的顾客相信企业只要能不被发现，就会占他们的便宜。出人意料的是，最值得信任的行业是科技行业，信任水平是 43%。这意味着全世界接受调查的人中有将近 60% 说他们不信任这个行业的企业。

最不值得信任的行业是银行，信任水平只有 6%。与此同时，人们的力量感逐年上升，这意味着他们相信能够通过自己做出的选择产生影响。全世界 64% 的人相信通过购买和行动，他们"能够改变周围的世界"。在美国，这个数字高达 73%。虽然信任明显下降，力量感和采取行动的意愿却在上升。

企业本质上是人际关系的网络。其中一些是一级或一阶的关系，包括那些与组织直接互动或为组织工作、直接受到组织运营影响的人，比如员工、顾客、投资人、销售商和主要竞争者。一阶关系出现在雷达上已经有一段时间了。但是在我们超联通的世界里，二阶关系正在变得越来越重要。这些关系是间接的，产生的影响也是二阶的。包括本地社区、供应商的员工、供应商的供应商、政府、学校和医院等本地机构，以及同行的员工。在一个超联通的世界中，这些关系越来越重要。追踪这些关系可能更困难，但并非不可能。

衡量不可衡量的

在良心经济中，六西格玛的经典格言"没有衡量就没有管理"需要做一点语义学上的修改：为了管理，你需要监控。良心经济中的企业需要一副新的仪表盘。面向未来的企业必须重新考虑和重新设计它们的基本责任框架。

"经济外部性"的范例发生了根本性的转变。在良心经济中，外部性变成了物质性。用通俗的话说，企业做的一切都很重要，都会影响到底线。

在良心经济中，企业有一大堆理由去关心环境和社会：因为企业依赖于统一的、通常是脆弱的自然和社会资本，必须对其加以管理；因为要使实践超越顾客期望；因为这是品牌差异化和建立信任的途径；因为要吸引员工参与；以及最根本的，因为这是正确的事。运营上的相互依存、资源脆弱性和个人赋权的新现实，意味着追求整个企业生态系统的最优（包括自然和社会资本）是明智的选择。企业实践必须在谋求利润的同时关心环境和社会已经成为前提条件，尽管采取的手段依所在的行业而有所不同。在良心经济中，作为一家企业，你必须保持盈利能力，但不能以牺牲社会和环境为代价。

历史上，一个企业联合起来承担社会进步责任的例子发生在 1977 年，当时一个全球企业联盟共同签署了由一位美国理论家提出的苏利文原则（Sullivan Principles）。这一行动对南非政府施压，要求其废除不公正的种族隔离制度。但是如果换个方向会怎样？企业能够以清晰、可衡量的方式施加积极的影响，但是积极的影响能够以同样可衡量的方式影响企业吗？

可以想象，在有良知的企业实践和盈利能力之间建立联系一直是 CSR 专业人士和企业理想主义者追寻的圣杯。20 世纪 80 年代，CSR 变得专业化的同时，人们开始认真地探索建立一整套标准。几十年来，实践者梳理数据，寻找支持善良企业公民的可以量化的相关性证据。

随着 CSR 规则的发展，这种探索变得清晰，因为直觉告诉我们，行善的是好企业，而好企业应该赢利。与此同时，没有那个部门愿意被视为有了更好、没有也行的成本中心，特别是那些热衷于改变世界的部门。不过，无论直觉多么强烈地告诉我们无形资产是有价值的，用跟硬资产同样的方法量化无形资产仍然困难重重。大多数董事会对于定性的证据来源都不是特别友好，这还不是唯一的原因。可以分解和增加的硬性的定量证据是企业责任方面的通用语言。最终还是会计核算说了算。

问题在于，会计核算似乎在倒退，而不是前进。会计核算是你在做出重大决策之后做的事。仓库里还有多少产品？售出了多少？没有售出的有多少？银行里有多少现金？有多少员工？如果会计是对企业未来成功的准确预测，而不仅是对过去绩效的评估，那么理论上，任何大型企业都不会失败，除非它们在执行时搞砸了。当然，我们知道体量庞大的无形资产——比如顾客预期的突然变化——是从根本上驱动顾客需求的力量，是支持现在所有经济理论的"实用"事项；是最难计算和衡量的，也是未来企业绩效评估中最基础的。

与此同时，最近十年来，"真实成本经济学"的文化基因正在普及。2005 年前后，相关言论开始在互联网上流行，提出了计算企业产品的环境和社会后果的硬性财务成本的必要性，并且将计算结果转化为企业的纳税义务。无论你的感受如何，值得注意的是，不仅在学术界，而且在整个会计行业，这种观点已经从进步的前沿稳步演变为关于财务责任的主流对话，特别是在关于减少未来风险和创造更加稳定的增长预测的问题上。未来，除了底线之外，聪明的企业会广泛追踪不同运营和战略决策带来的后果的成本和收益。可能包括环境影响、增长或妥协的潜在利润，以及劳工福利及其对近期生产率的影响。这样做的终极目的是：更准确地勾勒现在和未来的底线。

不过，如果我们是在从错误的角度看待衡量原则呢？有人试图寻找企业公民意识的提升与利润增长之间的相关性，结果发现行善是一种时间和资源的"追加性的""有则更好"的增值投资。一家企业开展一个旨在减轻负面环境影响的项目，然后一定会问："这值得吗？"同时寻找实现盈利或价值增长的相关证据。

过去那种令人舒适的确定性的绩效衡量方法（即使它们描绘出令人不舒适的事实），已经根深蒂固。这就像是开车时使用后视镜，是非常好用的辅助，说明过去绩效的指标被用于使决策合理化。但是通常，衡量都妨碍而不是丰富了理解。纳西姆·尼古拉斯·塔勒布（Nassim Nicholas Taleb）的著名论断说，过去并不能准确地预测未来。在良心经济中，企业将大量的精力花在展望未来上，用实时分析仪表盘支持其使命，为了给全人类创造一个更美好的世界发挥自己的作用。正如我们超速时仪表盘会告诉我们一样，当我们开始造成伤害，新的责任仪表盘也会告诉我们。

每家面向未来的企业都需要重新设计基本责任框架。

这一框架包括追踪和预测的清晰关系图、一整套绩效监控和决策制定工具，以及对顾客、投资人、员工和所有人负责的报告框架。

▌责任的维度 ▌

你不需要从零开始：关于社会和环境影响的衡量和监控，挑战并不在于工具的缺乏，而在于工具的过剩。实际上，一旦你开始寻找，会发现有几乎数不清的行业协会标准、报告试点项目、行为准则、政治立场、认证标准和分析框架，但没有一个是完美的。所有这些都在发展之中，其中有些在公开争取合法地位。执行方法的地区差异通常与地区文化定式或者惯例有关，欧洲的协会强调政府干预，北美的联盟和认证机关则将强制力交到企业手中。

这里有一个例子，发生在两个服装行业的企业公民联盟之间，如果不是让它们浮出水面的原因如此严肃，事情本来还挺幽默的。2013 年，孟加拉国的拉纳广场（Rana Plaza）工厂倒塌，造成超过 1 100 人死亡，这次事故导致欧洲几乎所有主流"快时尚"零售商都在孟加拉国签署了《火灾与建筑安全协议》（Accord on Fire and Building Safety），声明它们不会容忍不安全的生产条件，并且会直接参与安全调查。2014 年 4 月 24 日是悲剧一周年纪念，一个国际财团凭借强大的市场支持和广告宣传，将这一天设为时尚革命日。这些行动是否代表着责任感和明智的品牌建设意愿？毕竟，这是在时尚行业。

在公众看来，这些对无可置疑的非人道行为的反应可能是一件好事，能够产生积极的压力，但是发展中经济体的企业系统通常更加复杂。对责任、腐败和管制的概念理解不同，使得监控和实施最严格、最善意的行为准则变得非常具有挑战性。沃尔玛和 Gap 等北美企业拒绝签署欧洲协议，建立了自己的孟加拉国工人安全联盟（Alliance for Bangladesh Worker Safety）。在欧洲人看来，美国人的联盟缺乏法律约束力，仅依赖企业本身的良好意愿来维护协议的原则。不过，总有一天，公民和他们的钱包会成为执行的主体。为了节约成本牺牲工人安全的悲剧跟工业本身一样古老，但是喧闹声越来越大，安全生产条件正在成为人们关注的焦点。

今天，市场研究显示尽管人们发现这些故事令人震惊，希望企业采取行动，但是大多数人不愿意为零罪恶产品做出牺牲，包括支付更高的价格。知道吗？我也不愿意。关键在于"支付更多"。我们为什么要这样做？有良知的企业运营方式难道不应该是生产的前提条件吗？我认识的所有企业领导者都会同意，工人安全是企业责任，而不是额外的条件。

自灾难发生后，"快时尚"界领导品牌普利马克（Primark）的利润增长了 14%。在竞争性定价的压力与更安全的企业实践的成本之间达成一致并不容易，至少今天是这样。除非是高溢价的奢侈品牌，否则将有良知的企业实践的成本传递给顾客可能事与愿违。但是在良心经济中，随着新技术让有良知的运营变得更容易、更高效，环境和社会友好的企业实践的成本可能会下降。例如，"近岸"和"回流"制造正在发展，为行为准则的实施扫除了一些现有的障碍。

在执行力上，最大的问题在于整体责任，特别是如果你的供应商对于健康、安全和基础设施有着截然不同的价值观体系。不可否认的现实是，廉价的制造环境很少位于高功能、低腐败的民主国家。相比企业自己的工厂，供应商的行为准则更不容易约束。但是市场需求与互联互通的全新监控工具和技术的结合——加上产生全新制造能力、提高效率、降低成本的创新——能够抵消过程中的摩擦。朝着全面、可追踪、可执行的责任的进步是不可阻挡的，因为这是由人性动机这个终极价值来源所驱动的。

报告框架

虽然用于衡量的不同技术和方法越来越多，不过，在探索指标分类和分析的一致性方法的过程中，有三个术语名列前茅：三重底线、ESG（代表环境、社会和管制）和综合报告。负责每项职能的每位企业领导者都应该像熟悉利润和损失一样熟悉这三个概念。

三重底线通常指的是一种承认真实成本经济学的企业内部会计框架。换句话说，将企业运营的环境和社会成本纳入资产负债表。可以用"人、地球、利润"来帮助记忆这三重底线代表什么。虽然三重底线在很大程度上还是一个术语和一种哲学，而不是一种标准化的方法论，但是承认三重底线的企业至少会留意到财务报告中的环境和社会贡献。

ESG 指的是影响力投资者使用的一种数据收集和报告框架，以及关心道德和环境问题的共同基金使用的评估和追踪工具。在从外部评估这些维度的企业绩效时，ESG 概念的使用更加普遍，但是这种分类法也可以应用于内部。

综合报告既是一种报告框架，也是一种分析方法和会计领域的一场全球运动。这是一个生动、别致的术语。在跟你的 CFO 或会计公司谈话时用上它，看看会有什么效果。综合报告运动的目标是怀着近乎传教士般的热情，让综合报告成为财务报告的全球标准。综合报告脱胎于前面所说的真实成本经济学的概念，不仅包括与企业运营的环境和社会结果相关的一整套成分，而且包括未来创新潜力的评价、未来资源的稳定性和员工福利。从根本上说，就是包括企业整体健康需要的所有元素。综合报告是从一次企业联盟参与框架试点的过程中诞生的，得到了国际综合报告委员会（International Integrated Reporting Council）的帮助。

如果你想让自己听起来像个良心经济学的内行，记住这三个术语是可以互换的。比如："我们的企业由三重底线驱动。我们为 ESG 问题的追踪报告感到骄傲，并且将在我们第一季度的综合报告中包含这部分内容。"

行业协会

一系列善意的，有时候甚至是理想化的行业协会和联盟可能能够驱动有良知的变革。你的企业可能已经是这种联盟的成员。问题在于，这只是一个可以勾选的项目，还是代表了你的企业最真实的意图？成为其中最优秀的组织的成员需要缴纳会员费；要有影响力，企业必须创造和应用一套"管理系统"，确保企业遵守联盟的既定目标。管理系统包括在组织内指派负责人、清晰地陈述改进目标、常规文件归档和报告、审计，以及一旦目标没有实现或违规行为发生时的校正措施。例如，英特尔高调宣传的零冲突矿产行动就是一个这类联盟——电子产业公民联盟——的产物。

行为准则

另一种为良心经济企业责任奠定基础的形式是，单个企业授权或联盟成员共同签署的行为准则。无论企业选择独立行动，还是加入更广泛的联盟，行为准则都不仅为报告，而且为营销战略和环境—社会友好的管理决策建立了有用的原则。

这些文档通常写得激动人心，画着健康的森林和得到良好照顾的工人。它们读起来有点像美国《人权法案》，但是因为跨越了国界，理论上只能通过与本地供应商签订协议来确保实施。这类准则可以克服地方习惯，但不能违背地方法律。不过，这类准则可以施加压力，实际上，伴随着推动民主和个人自由的创新，它们是开明的企业在争取让世界变得更公平、更可修复的斗争中所拥有的核心武器。一次简单的谷歌搜索就能查询到任何上市企业供应商的行为准则，正如企业网站会用专门的页面来说明核心价值观一样。在良心经济中，作为企业价

值观体系在运营实践中的体现，这些行为准则将变得更加重
要。实际上，这些准则将成为关键工具，不仅作为顾客与品牌
和产品的媒介，而且能够激励社会福利的创新。

衡量工具

影响力投资领域提供了一些最复杂的追踪指标，因为根据
定义，影响力投资是"纯粹的"良心经济。它的存在本身就是
为了在维持最高标准的报告准确性的同时，驱动积极的、可持
续的变革。实际上，将这一领域的工具用作企业内部管理决策
的一部分，是非常务实的。

影响力投资已经开始采用被更加广泛接受的标准和原则。
现在，有许多国家签署的、通用的报告标准包括：称为赤道原
则（Equator Principles）的社会和环境风险管理框架；全球影
响力投资网络（Global Impact Investing Network）提出的影响力
报告和投资标准（Impact Reporting and Investment Standards）；
以及联合国建立和批准的责任投资原则（Principles for
Responsible Investment）。

我无意推行任何一种特定的企业责任，但是在写作本书
时，最完整的专门投资分析工具是由摩根士丹利资本国际公司
（Morgan Stanley Capital International，MSCI）提供的。这些工具基
于与 ESG 问题相关的一系列绩效基准，为投资人提供了一系列
定制化的专门指标，从基于积极的环境报告衡量企业价值，到
排除那些涉嫌侵犯人权或者生产"有争议的武器"的企业。

如果你并未经常通过审查企业运营的特定方面来研究投资行为，MSCI 网站会让你大开眼界。实际上，网站提供的筛选项完全可以印在一件具有讽刺意味的时髦 T 恤上。但这绝不是讽刺，你甚至会发现这有点令人如坐针毡。这些筛选项直击许多人持有的各种各样的价值观，其中一些颇为两极分化。

关于这些筛选项，用户可以任意设定企业的参与程度或收入阈值：

·导致堕胎

·提供堕胎服务

·成人娱乐

·酒精

·动物福利

·集束炸弹

·避孕药

·轻武器

·赌博

·基因工程（转基因）

·地雷

·核能

·猪肉

·掠夺性贷款和社区再投资法（CRA）

·干细胞

·烟草

·武器制造商

这让我思考——也应该让你思考——大数据的诸多积极潜力，特别是如何有良知地应用企业和运营的智慧。如果投资人今天能够审查企业与猪肉价格的关系，消费者很快就能够审查与他们有关的一切。

在良心经济中，建立在相互依赖的责任之上的生态系统的效率不仅对企业更加重要，而且明确指出你的行动对每一项责任的影响都是至关重要的。与以往不同，有良知的企业认为自己同样需要对选民负责。今天，对于开明的组织和领导者，新的责任仍然只是一种选择。但是到了明天，这将成为与利润同等重要的企业需求。在南非，法律已经要求上市企业依据"遵循或解释"的原则提交综合报告。为了适应投资人对于长期财务绩效能见度日益增长的要求，全球会计领域开始做出调整，环境和社会资本也被纳入稳定增长的指标因素当中。

毫无疑问，参与和支持一个复杂的、相互依存的关系生态系统，以同时实现顾客满意、利润保证和环境—社会影响可衡量是一项困难的工作。实际上，不仅在编制季度报告时，而且在日常管理决策的制定中，CEO 都必须考虑各种各样的关系和责任，他们经常抱怨："这又增加了新的工作。"

但是传感器、智能监控、改进的定量数据整合、自动化系统传递的实时定性反馈，以及社交媒体的融合，使得构建新的管理仪表盘不仅成为可能，而且更加容易。随着越来越多的运营过程变得数字化和可追踪，从顾客满意度到宣传，从定价弹性到环境—社会影响，新的分析方法能够将各种企业要素与绩效产出关联起来。

▎良好的意愿 ▎

像往任何新方向上迈出第一步一样，一切都从意愿开始。凯文·默里在与高管共事的过程中发现了"领导者中的新浪潮，他们已准备好制定关于社会和环境问题的大胆决策"。这类领导者对企业在改进人类生活、社会和环境中扮演的积极角色有着清晰的愿景。

换句话说，在建立良心经济企业的责任仪表盘之前，先为你的企业建立责任原则。你只是把责任当作管理员工、让利益相关者满意的一种手段，还是致力于满足更广泛的关系？除了承诺遵守传统的底线，还需要对你监控的内容进行报告。

每一种组织文化都是独一无二的。一些组织是高度事实驱动的，另一些则非常信任直觉。你不仅要决定衡量什么，还要决定如何运用衡量的结果，特别是如何将其用于前瞻性的企业决策。

开始吧。为建立新的责任仪表盘成立一个工作小组。不要只是将这项工作交给 CFO 办公室。新的责任要跨越所有的职能。跨职能的参与至关重要，因为跨职能的信息来源将越来越成为监控、预测和报告的核心。

·直奔愿景。你最有良知的目标是什么？基于此，将你需要观察、衡量、预测和理解的关键维度分门别类。

·评估你现在的衡量文化。每个组织都有一种文化。对自己开诚布公：这是一种事后将决策合理化的方法、一项对未来选择的指导、一个勾选框，还是一道决定所有决策是否生效的关卡？

·描绘你的关键责任和关系。按照一阶和二阶将其分类，其中一阶关系包括那些与你直接接触的人，二阶关系不与你直接接触，但是会间接地受到你的运营的影响。鼓励一线员工对他们与企业内外的关系也进行分类。

·识别你的企业使用、影响或者能够帮助恢复的所有自然资源和公民资源。

·将现有行业机构、监控和认证标准与每一种关系联系起来。如果你还没有这样做，现在就开始。不要把这项工作交给 CSR 部门。将管理团队的每位成员指定为一项特定责任的监管者。

·邀请来自各种外部关系的人们告诉你，他们如何评价你的绩效。他们会怎样评价你企业公民的身份？

·制定你自己的"综合报告"计分卡模板，开展你自己的内部试点项目。

·指派一位明星统计员建立专门的预测指数，将特定的良心计划的可衡量的成功与顾客信任、参与、忠诚

> 和销售的增长联系起来。
>
> ·建立原则，让综合报告计分卡不仅能够驱动运营战略和日常运营，而且能够促进沟通和激励员工。
>
> ·不要害怕"软性的"东西，即那些定性的、基于观察的、直觉的信息。它们可能是最有力的。

即使在良心经济中，也没有企业是完美的。但是通过将目标和为了实现目标而采取的过程透明化，企业关系的质量将得到显著的改进。

最后也是最需要注意的一点：结果不应该是一大堆报告和统计数据。从根本上，新的可追踪的责任能够，而且应该讲述鼓舞人心的故事。让宣传人员参与进来——可能来自你的市场营销部门——他们能够从数字中发现意义，将它们翻译成人们能够理解并在日常决策中使用的故事。

企业是为了给人类生活提供服务而存在的。生活产生了无限的数据，但是生活并不是由数据构成的。生活是由经验、感觉和情绪构成的。当然，事实也很重要。但是只有当你把它们放在有意义的情境中时才是如此。因此，故事通常比统计数据更加有效，因为故事更加人性化。

第九章

所见即所得

　　又是新的一天，交通拥堵已经开始。在城市的每一个地方，拓宽的自行车道中满是通勤的骑行者，公路上呼啸而过的汽车中，电动汽车的比例也在提高。放眼全球，大幅扩展、高效节能、基于客流智能分配运力的公共交通系统，满载着享受高速互联网，可以看视频、看新闻、玩游戏，或者抓紧时间工作的乘客。一位企业高管研究了能量平衡报告，想看看他企业的太阳能电池板本周为电网输入了多少电力；一所久负盛名的国际虚拟大学的学生正在玩一款旨在提升领导力技能的多用户网络游戏；一位新晋祖母通过视频看到了她远在半个地球之外的孙子。

　　驾驶员在小型、高效、方便的充电桩上为他们的电动汽车和智能手机充电；智能恒温控制器和电表通过物联网安静、迅速地交换信息，随着人们离开或者进入家庭和办公室，依据天气和温度做出调整，降低能耗。智能系统容量管理、新能源的发现和成本的降低，以及对节能和人们与组织之间能源交易的激励，让电力成为一种比以往任何时候都更加充裕的资源。新鲜、健康的食品也很充裕。太阳照耀在星罗棋布的本地化城市农场上，这些农场便利地分布于城市绿化带和可开垦的土地上。收获的产品被运送到本地市场和商店，以新鲜的大宗海外进口产品作为补充，后者不仅实现了规模经济的价格效率最大化，而且实现了能源效率最大化。这一事实将体现在产品标签上，供消费者选择时参考。

生物燃料在回收的棕地上积累，靠近北极的北方松树林受到保护和培育，向南方扩展到前所未有的地区，成为对抗全球变暖的有力武器。植物、动物（昆虫、鸟类等）——生物多样性体现在城市和郊区的公园中、后院里、屋顶上，不仅为日常生活创造了更加宜人的环境，而且支持和维护了整个地球生态系统。

回收利用变得更加自动化、高效和本地化，将纸张等商品原材料转变为经济上可行的、廉价的、可随意处置和可重复利用的资源。

水资源的回收利用也变得普遍，有众所周知的统一分级标准：清洁用水、灌溉用水、饮用水。海水淡化的进步使我们可以更方便地利用潮汐能和太阳能，推动了海滨经济复苏，让农业综合企业扩展到沙漠地区。

回归本地化制造刺激各地经济增长，使燃料消耗最小化，让以顾客为中心的设计直接接近生产，创造了一个持续的产品和运营改进的良性循环。更小规模的工厂和工作室与虚拟教育和福利计划相结合，保证了活力、福利和随之而来的生产率，以及本地劳动力队伍的忠诚。

视频会议走向移动端，随处可及。虚拟临场和虚拟亲近让跨越时间、空间的合作几乎毫不费力，而且更廉价，在有些情况下甚至比面对面交流更加有效。因为多元化的团队不仅能够将多种观点，而且能够将多种情境同时摆上桌面。

隐私从消失走向相反的方向。企业竞相提供最强的隐私保护和安全性，因为它们更加依赖与顾客的持续联系。点对点网络无处不在，意味着再也没有人需要依赖单一的传统网络来实现互联互通。网络运营商成为点对点服务商。

随着人权在全球的成功普及，数据权利的问题成为新的战场。每个人都能获得关于自己的数据，企业鼓励人们为了自身利益获取和使用它们。数据挖掘脚本运转如飞——大数据的力量掌握在那些选择在何时何地分享他们是谁、他们需要什么的人们手中，吸引着企业、品牌和产品来满足他们的需求。

顾客用他们的钱包、他们的购买行为，以及他们在社交媒体上的声音投票，认可那些最能代表他们自己的价值观的产品、服务和企业。因为他们现在更容易理解自己的选择及这些选择会给世界带来什么影响之间的联系。大多数人比以前更少买东西，转而投资于那些让生活更加激动人心的体验。从餐馆、运动到学习，不同地方积累的经验是人们重视、追寻、铭记和炫耀的东西。人们更多地去旅行，但不仅是为了放松和减压，而更多的是为了学习、结交新朋友、帮助重建社区、回报社会、为生活增加意义，或者在朋友中赢得地位。最后一点——地位——可能看起来与良知不太和谐。但事实上，这正是关键所在。作为社会地位的令人满意的标记，爱冒险的、提升生活品质的经验（与慈善事业有相似之处）正在增加，社会地位正是驱动良心经济的核心动机之一。归根结底，良心是社会性的。

可穿戴智能设备上的传感器持续监控个人生物指标，将关键信息直接传递给医生、药剂师、健身教练、营养师和其他医疗保健提供者，缓解系统的压力，让更多的人能够获得更好的医疗服务。通过社交媒体，病人可以实时分享经验和建议，形成更大的联盟，增强医疗服务的购买力，游说医疗服务提供者采取创新和改进的治疗方案。因为移动生物传感器消除了医疗保健过程中大量的中间环节，医生、护士和病人的连续信息流能够比以前更加顺畅地流通，无论是面对面还是通过视频会议。

随着智能自动化让在线文档和进程的离线管理成为可能，人们不再感觉必须时时刻刻插着电源插头。日常互联技术的侵略性降低，更容易检视和随时间迁移。这种文化重视诚意、亲临现场和愉悦的生活经验。新的社交礼仪要求人们跟其他人在一起时保持完全的关注，甚至有禁止使用互联网的规定。

时尚、汽车、食品和酒店行业的奢侈品牌仍然代表着我们的终极渴望，现在还包括了可持续性和道德制造、燃料效率和替代能源。可持续性和五星级生态度假村吸引了那些享受高度规划的临时居住体验的客人，他们在这里与世界达成无须任何妥协的平衡；而且，这让他们感觉到一种奢侈而时尚的特权。新鲜、干净的再循环热水源源不断地供淋浴使用。水栽食品在本地种植，甚至从屋顶上就能收获。你可以看着它们被摘下来，由主厨带着参加职业技能培训计划的学生当着你的面制作。时尚消费品是道德采购和道德制造的，重新引入和提升了产品的市场价值，并且越来越多地由本地工匠制作。最著名的汽车品牌现在拥有更高的燃油效率，将先进工艺与内建智能结合起来。名酒来自非灌溉农场，采用生物动力法种植。烹饪不仅基于有机和本地原材料，而且作为营养和职业教育计划的一部分，帮助弱势群体在社会上立足。人们梦寐以求的良知奢侈品超越了传统的类别。

拥有、分享和价值交换的替代形式创造了新的临时货币。金钱不再是唯一的交易方式。购买只是获取某种物品的一种方法。新的品牌服务使人们能够分享和交易汽车、居住空间和技能，人们可以个性化地决定物品和经验的价值。

企业道德和良心运营是购买的驱动力，因为能够获取到的信息使世界各地的公民意识到，他们最终要为企业承担成本。从零冲突采购到环境修复，消费者、公民和工人增强了道德认证机构的能力，他们能够毫不费力地贡献自己对于企业行为和设施的观察和经验，创造实时的过程安全监控。供应商的行为准则曾经很难约束，现在在互联传感器和人工监控的辅助下，它们实现了自我约束。

通过购买产品或订购服务自动地向其他人捐赠成为自然而然的日常慈善事业，对某些人来说甚至成为一种竞争本能。品牌竞相在它们的产品中融入吸引人、有影响力并且值得炫耀的慷慨行为。与此同时，企业利用经济杠杆来影响从人权到健康的热点公共问题，这被称为品牌行动主义，让世界领导品牌成为大规模公益运动中的英雄。

每个人都既是老师又是学生，既是导师又是门徒。大众教育现在是大众媒体的热门形式。分享来自个人和职业生活经验的信息、建议和知识不仅是流行娱乐，而且嵌入员工发展计划、大众教育，甚至购物场景当中。消费者在订购一项服务之前，可以即时了解其他人的使用情况，一旦他决定加入，就有了许多导师，帮助他最大限度地获取服务。一位拉丁美洲的年轻企业家可以实时地请教一位斯堪的纳维亚的成功导师。知识的交换不仅为学习者创造了企业价值，而且为老师创造了社会信用和地位。

在良心经济中，所有的企业活动都为一个全球化的良心循环做出贡献。造福社会不仅关系到声誉管理、风险控制和公益营销，行善还为人才、创新和顾客开辟了新市场；让这些市场保持稳定，得以发展；保护和巩固了企业的生存需要：人和资源。善良本身就是利润的源泉。

| 渴望 |

良心经济不是板上钉钉的，我们必须渴望它，必须为它而努力。毕竟，事物有两种可能的发展方向。一种情景是我们让事情自由发展，没有引导我们的世界走向安全的愿景，这种情景很不乐观。另一种情景则是迎接一个振奋人心的新世界，我们能够骄傲地宣称，我们为创造它做出了自己的贡献。这将是一个我们能够满意地交给未来的子孙后代的世界。

认识会改变现实。你的认识是什么？你看到的是半空的杯子，因为我们的水资源快要枯竭了？你看到一切都出了错——巨大的贫富差距、新的疾病、新的冲突、极地冰川融化，不一而足？或者，你看到的是半满的杯子，装着淡化的、富含矿物质的再生水？你看到生活质量和预期寿命都在增长，看到新技术和替代能源、新的价值体系，以及让世界变得更美好的前所未有的机遇？

因为担心可能造成灾难性的全球后果，变革已经开始。但是最终改变我们的世界和其中的企业的将是乐观主义。这一切都从相信有可能开始。所见即所得。

但是这意味着反抗我们作为人类的天性中的某些方面。我的一个好朋友最近参加了为期一天的野外生存课程。我绝对想不到她会这样做，她是住四季酒店而不是开四驱汽车那一类型的。但是她天生充满好奇心，尽管我也是不太可能跑到森林中去自找迷路的那一类人（至少字面意义上不会，比喻意义上还可以），她还是热情地与我分享了她的经历。那一夜在北加利福尼亚马林岬角的旷野中，她学到了最令人惊奇的一课。

如果你发现自己在野外迷了路，第一件事会做什么？在你做任何事之前，寻找或建造避难所，以避免寒冷、炎热和其他天气因素的挑战。水和食品等生活必需品都排在后面——没有它们你还能生存一段时间，但是没有避难所不行。

这是古老的智慧。我们为了生存而进化，现在，生存经常表现为寻找并维持头上的屋顶。表现为跟随潮流，与社会的价值观保持一致。不要突出自己，不要冒风险。或许应该说，最佳行动方案就是一开始就不要在野外迷路。

但是我们中大多数人也凭直觉知道，永远规避风险不仅不可能，还可能带来其他危险。

正如萧伯纳（George Bernard Shaw）那句可以做成 PPT 的名言所说的："世上所有的进步都来自不讲道理的人。"——和女人，这是我补充的。换句话说，作为一个社会，我们需要那些抗拒千年来的进化适应冲动的人。为了社会进步，我们需要那些抗拒深植于基因中的安全诱惑的人。"我知道，"你可能在想，"但只要不是我就行。"是啊。

一个多么甜美的悖论：我们生来就通过坚持做那些我们知道的事来寻求安全和舒适，但是最后，我们的安全和舒适需要至少一部分人超越安全和舒适的边界。

令人安慰的是，跟所有的人类事务一样，随大流的法则实际上存在例外。有些人将打破陈规作为生活方式，比如毒贩和痞子交易商。他们大胆地打破陈规，经常制定高风险的决策，在报纸和企业媒体上自吹自擂。但是通常，我们都是在这些人的行动造成有新闻价值的损害时才听说他们的。因此，在新闻和流行文化基因中，我们被提醒，在这些人当中，许多人因为与整个社会背道而驰的个人倾向，对他们的身体健康、家庭和整个组织造成了伤害。大胆行为的风险被不断强化。

当然，也有英雄的例外。我能想到罗莎·帕克斯（Rosa
Parks）和她轰动社会的公交之旅。我们有理由以纳尔逊·曼德
拉、史蒂夫·乔布斯和每一位诺贝尔奖得主为偶像。无论我们
的个人信仰如何，我们每个人心中都有意识或下意识地有一份
圣徒名单，列出那些激励我们的偶像人物。

我们特别崇拜那些推动社会价值和行为，让所有人享有一
个更公平的世界的英雄。我们把他们捧上神坛，因为他们跟我
们其他人不一样。对于有宗教信仰的人，这些先驱甚至可能被
视为圣徒。在我们内心深处，我们知道真正的英雄与普通人有
着本质的区别。因为通常，我们人类是不愿意承担风险的。

地质不稳定

与个人风险承担者相比，组织更不愿意探索看不见和未知
的东西。

即使看上去充满活力、势不可当的硅谷新精英，也倾向于
关注他们知道的东西，关注更熟悉、更舒适的"数字化颠覆"
领域。看似激进的西海岸冒险精神通常只是（值得尊敬的）运
营模式，遵循高度地区化和特定情境文化中既定的意识形态和
行为模式。在全世界的创新中心，拥有高于平均数量、资金充
足的创业企业的城市和地区，打破陈规、数字化、虚拟化、资
助、预示着一个更加数字化的明天——以及随之而来的创造财
富的估值——是必然到来的。

但是这些信仰和行为并没有触及难点。硅谷盛行的创新文化是无拘无束、超越现实的乐观主义。因为北美西海岸命中注定就该如此，这是常识。这一地区的迷人景色，实际上包括硅谷本身都是由断层活动造成的，断层的本质就是：变化。全世界最具创新性的企业文化建立在字面意义上的不稳定地基上。

这不是巧合。西海岸的地质不稳定性，加上宜人的气候，创造了一种今朝有酒今朝醉的心态。它在地理位置上远离世界上大多数人口中心，形成了一种与众不同的游离文化。在这种组合中，又加入了众多精英荟萃的大学，吸引了世界级的工程人才，你得到的就是改变世界、吸引投资的创新。

重点在于：无论我们多么崇拜"理想主义""变革顾问""风险创新"的概念，事实很简单：我们不是生来就能做到这些。因为组织是由人组成的，组织就更难做到。

谢天谢地，虽然我们可能执着于舒适和安全，但是作为一个物种，我们人类的适应性很强。只有在一种情况下，人类才会倾向于做出重大的改变——当我们别无选择时。当我们的个人生存取决于改变，我们就会改变。经历过心脏病发作的幸存者愿意马上调整他们的食谱。经历过"触底"的吸毒者，比那些我们知道已经成瘾，但还没有跌到谷底的吸毒者更有可能战胜毒瘾。如果环境足够艰难，我们甚至能够改变内心深处的信仰。我知道有些公开的无神论者，在飞行途中遭遇乱流时会虔诚地祈祷。

组织似乎并不具备这种面对灾难性后果时的改变能力。甚至战略已经过时、企业模型已经失效、销售不可阻挡地下滑，显然已经别无选择时，大多数组织仍然拒绝改变。

▌改变▐

我跟一个深陷麻烦的企业共事过。长期以来，这家企业一直是移动技术行业的领导者，已经完全忘记了最初是如何走到这个位置上的。企业已经习惯了比最接近的竞争对手拥有两位数的份额优势。一位资深成员曾经向我透露，"我们都习惯了每周五吃蛋糕、喝香槟，庆祝我们又实现了销售目标"。

十几年没有遇到实质性挑战的增长意味着，企业学会了如何在特定的全球环境中做一个巨人；发展出一种死板的卓越运营文化，聚焦于在整个企业内维护既定的过程；培育出一种基于共识的决策体系。通过在每一项战略、运营或人才管理选择中，确保通常是自下而上的群体意识，一切保持稳定。

在这种环境中，企业实际上是一架卓越运营的机器，员工满意至关重要。快乐的工人维持系统流畅地运行，没有紧张感。结果，员工舒适与否成为评价管理水平的理由。简言之，现有的工作方式是可行的；若干年来，在大多数情况下结果还相当不错。破坏这个系统会制造摩擦力，拖慢生产线，阻塞销售渠道。这就像一架巨大的引擎，大量制造出产品和利润。已经好多年了。

然后，世界变了。

企业就像同时经历了一场旷日持久的车祸和心脏病发作。对一个已经过时的软件平台的致命并购，行业内高速、饥渴的新竞争对手，以及完全重新定义的顾客期望，这些成为改变的催化剂。个人观点（"我们非常需要做出改变"）和组织行为的整体路线（"但我们以前不是这样做的"）之间呈现出来的差异非常耐人寻味。

当然，有一些人，甚至董事会层级的领导者，看到了潜在的灾难正在逼近。但是，他们呼吁所有人做出改变的富于远见的精彩演讲未能将企业导向必要的变革。

这并不是因为他们是没有才能的领导者，事实上，我认识的一些最才华横溢的领导者就来自这家企业。棘手的是，销售量仍然遥遥领先于最接近的竞争对手时，未来利润被侵蚀的明确信号已经在显现。组织体系仍然在驱动股东价值，尽管其效力即将消失。

你可以指指点点。但是我知道，任何领先的组织都不会有什么不同。

这是因为强大的组织有着强大的文化，而强大的文化倾向于把延续而非改变作为优先要务，即使在面对即将发生的灾难时也是如此。没有持续学习和变革的先决条件，没有对新观点的具体奖励机制，几乎任何组织在面对突如其来的业务冲击时都注定会失败。

我经常想，一些企业的消亡是不是大方向上不可避免的自然结果，几乎像是气候变化或全球移民浪潮。作为一家一败涂地的企业的一员无疑是痛苦的。事情还没有最终尘埃落定时更加痛苦。但是一旦走到终点，人才（和专利）可以转移到高生产率和价值增长的更加肥沃的土壤中去。

这种警世故事的道理非常简单。无论是不是自然流动的一部分，如果你的组织提早面对现实，愿意为了未来的生存打破现在的成功，死亡是可以避免的。

事情是这样的：当一个人"失败"（撞车、离婚、突然遭遇危及生命的健康危机）并幸存下来，他很可能做出改变。但是当一个组织失败，它幸存下来的可能性要低得多。而且，或许每个组织都能从变革中幸存下来也没有必要。毕竟，企业的平均寿命是大约四十年，低于人类的寿命。从企业的失败中吸取的教训会跟随人才一起离开，应用于其他地方。一个充满活力的生态系统，及其带来的充满活力的经济，如同天气一样在变幻莫测和随之而来的技能、观点、人才和经验的重新分配中得到了滋养。

这并不是说要放弃组织变革。绝对不是。作为个人、领导者、公民，以及作为家庭成员和地球生活的参与者，我们别无选择，只能渴望繁荣发展。换句话说，我们必须克服我们的天性。首先是作为个人，然后是作为组织，最后，是作为最大的组织：全人类。

改变糟透了。离开舒适区毫无乐趣可言。企业沉迷于现在的行为，而且如果至少对企业自身而言，现在这种行为还有足够的回报，为什么不呢。我近距离观察过当社会前进，而企业不能改变旧习惯和过时的假设时会发生什么。当企业坚持自己最了解的创造利润的方法，无视衰老和疾病的迹象已经隐约可见，结果可想而知。归根结底，摆脱整个行为体系比作为个人摆脱某种不健康的行为更加困难。

不过，行动的召唤和对世界做出积极改变的愿望，对于个人是强烈的激励。乐观主义和热情是有传染性的，通过对话和成就感，最有力的是通过我们行动结果的直接经验，从一个人传播到另一个人。大规模的改变绝不是不可能的。

改变我们的假设和行为的激励从未像现在这么重要。我们都面临着物种进化中的关键时刻，要为未来的子孙后代管理好地球上的生命。

如果想象一种由内在的是非观驱动的文化和经济似乎还有点异想天开，让我们来看看一些有良知的进步的明显例子。

曾经有一个时代，没有路标，没有如何旅行的国际标准。没有限速（你的马能跑多快？），打破规则、将其他人的生命置于危险之中也没有惩罚。今天，在任何发达国家，都有普遍认可的、国际标准化的规则、标识和符号，在交通的迫切性与个人安全之间取得平衡。不同国家存在细微的差别，但是或多或少都有旨在保护每个人的福祉的国际标准。

就在不久之前曾经有一个时代，人们可以在任何地方吸烟，无视对社会健康体系的影响。很难想象一场禁烟运动会席卷全球，触及一个如此有利可图的行业和如此之多的瘾君子。但是为公共福利考虑的观点胜出了。

曾经有一个时代，知识和事实只属于少数精英，这些人将信息据为己有，用以维护社会和经济地位。对那些享受知识稀缺性带来的好处的投资人来说，资助一种为所有人提供丰富知识的技术简直是不可想象的。但是这发生了，因为在新兴的良心文化中，每个人都有权利获得所有的知识。

变革的步伐既没有放慢，也没有稳定下来，它还在加快。这完全建立在我们的信念转变上：关于什么是重要的、什么是公平的、什么是好的。我们相信什么，就会成为什么。这定义和重新定义了我们所做的一切。

这不是夸大其词。我们只要回头看看二十年前，数字革命的黎明，一场更古老的技术革命——可由浏览器访问的互联网将企业推入了一种全新的生态环境，建立了一整套新规则，以及成功者和失败者的新阵容。二十年前，谷歌还不存在。就在九年前，社交媒体看起来还是不切实际的创新，只是出现在PPT 的大标题中。

从文化到经济

我们对文化动态的理解永远不应该被视为理所当然，我们也不应该假设事情会是静态的或持续的。当文化发生变革，一切都会随之变革。文化推动经济，而不是相反。

想想看。我们一生都在参与一个价值交换体系，一切似乎都是预先决定和根深蒂固的。经济就是经济看起来的样子。即使我们接受学术上的概念，进行交易的方法还是比我们允许自己相信的更加变幻无常。金钱是人类的发明。价值及其交易是人为的。哥伦布发现美洲以前，原住民将成吨的黄金扔进圣湖里，因为他们有的是黄金，这一仪式性的象征价值通过扔掉黄金来体现（本质上也是一种交换形式，不过是与他们的神进行的）。西班牙征服者将黄金从湖里打捞上来，装满他们的金库，为商品赋予欧洲式的价值。物品有价值，是因为我们全体一致同意它们有价值，仅此而已。价值不是内在的，而是制造出来的，是基于信念的。

价值本身只是从假设和信念中诞生的。或许允许我们自己看到这一更深刻的事实是危险的，因为这动摇了我们认为已知的一切的根基。想象我们的文明建立在流沙上无疑令人不安。我们的企业本质上依赖于由假设和信念结合起来的关系，这些关系无疑会比"硬件"基础设施变化更快。这看起来更像是哲学上的托词，而不是机会。

但是我个人发现这个概念充满力量，因为这意味着我们能够让世界变得更美好。这意味着我们能够而且应该引导我们的世界。一个不能为我们所有人提供公平和可持续性的系统不应该主宰我们。包括企业及其运营方式。

文化是我们一切思考、表达和行动的根基，这从定义上就包括了我们买卖什么、如何和为什么买卖。我不是在美学的意义上使用"文化"这个词的，而是指一种普遍持有的信念、观点和行为的整体性。从最根本上说，我们的文化是我们的生活方式，还有我们改变生活的方式，以及我们评价和换取变革的方式，这种论断不难做出，但是意义非凡。因为在这个不稳定的持续变革时代，企业和资本的性质也很可能发生改变。我们已经习惯（或许厌倦）了关于气候变化没完没了的坏消息。不那么阴郁但同样严肃的是，价值观和信仰的剧变，以及人们基于信仰日益增长的行动力，真的有可能驱动类似的经济剧变。

增长

有一种反增长运动正在增长（说起来就像绕口令）。反对增长的人认为，资本主义和经济的增长在长期是不可能的，因为地球资源是有限的；增长在短期甚至是有害而危险的，因为追求增长促进了对自然资源和人类的残酷掠夺。他们主张，将增长作为经济发动机和投资激励在本质上是有害和过时的，是时候放弃增长目标，致力于维持平衡了。

这不只是一种激进的观点。反增长的声音越来越高，也越来越为主流所认可。你能在晚餐餐桌上、喝咖啡时，甚至有时候在企业会议室里听到它。通常表现为一个问题："持续增长是真正的答案吗？"

虽然初衷值得尊敬，但是我发现这个概念深深地令人困扰。对我而言，很少有比增长更美丽、更生态友好的词语或概念了。种下一颗橡子，它能长成一棵橡树。钙能帮助我们的孩子长得更强壮。在我们的一生中，我们追求经验和智慧的增长。我们的关系更加深入。我们的知识更加丰富，等等。但是当然，癌症也在增长。增长也可能是邪恶的，而且能杀人。所以问题在于，我们是在破坏性、掠夺性的增长，还是有益、健康的增长中寻求价值？增长不应该被反对，而应该被重新定义。

以撒哈拉以南非洲为例。多么矛盾！贫困、饥饿、冲突和腐败，给许多人制造了几乎难以想象的痛苦。同时，这里又充满了未开发的人才和能源、充裕的资源，以及壮观的自然之美，更不用说还有蓬勃发展的科技创业企业。非洲拥有这一切。我们是否需要提醒自己，这是我们祖先的故乡？人们很容易将这块大陆浪漫化，在某种意义上这对它却没有好处。在美国和欧洲，在世界上许多地方，就像我刚刚做的一样，我们都会说出上面那些陈词滥调。

实际上，非洲的动态增长不是自动地为非洲的利益服务，尽管事实本应如此。在最坏的情况下，增长只是在从廉价的环境中榨取价值，输往海外的同时本身却维持现状。这种增长——我称之为剥削——不能激励这个地区解决自身的问题。我相信非洲（以及所有市场）能够而且必须受到激励，解决自身的问题。实际上，任何拥有丰富资源的地区只要仍然处于不发达阶段，资源成本都很低。你可以说这是过度简化，而且你可能是对的。但是，这是对令人不安的事实的提炼，你可以将这个商业公式应用于任何"新兴"市场。我们不喜欢承认剥削和援助之间的矛盾，因为这听起来像是理想主义（也就是不切实

际）的嬉皮论调，而且似乎根本无法解决。与此同时，偶尔
的慈善捐赠能够帮助我们减轻一点罪恶感。无论如何，我们
不是在为这些人创造工作机会吗？

但是让我们从长远考虑。我们能够想象非洲不是一个新兴
市场或者动乱不安的地区，而是被贴上公平、政治稳定、健康
和知识这些标签吗？暂时抛开最新预测，在大多数非洲儿童能
够接受基本教育之前至少还需要一代人的时间；暂时抛开猖獗
的政治腐败、致命的部落冲突、性别歧视。如果非洲是地球上
最活跃的市场，是从娱乐、替代能源到可持续农业综合企业的
一切新观点的温床呢？

暂时抛开你对这是否现实的偏见。一切皆有可能。这里有
一个例子：当你读到卢旺达这个词时，你会想到什么？你的脑
海里会出现什么样的画面？答案通常是：种族灭绝和大猩猩。
你可能根本不会想到银行和企业。我们脑海中与这个国家联系
在一起的种族灭绝发生在二十多年前。今天，卢旺达的目标是
成为非洲的新加坡，做整个地区对企业最友好的国家。这里几
乎消灭了腐败，吸引了数十亿美元的投资。这不是一个完美的
地方，但是对卢旺达人来说，已经是一个比过去好得多的地
方。商业是催化剂。

我有意识地不给我们的非洲愿景加上时间框架，但是我愿
意打赌，事情的发展将比大多数人预期的更快。拉各斯已经成
为高科技企业的温床。（为了一瞥新非洲，只要看看尼日利亚
的联合创新中心，以及其他科技孵化器所在地即可。）因为与

过去的世纪不同，非洲（以及其他高速增长市场）不会单打独斗，更深入地参与全球经济的压力和机遇将驱动进步。《福布斯》报道称，非洲的外国投资回报率是 9.3%，高于发达国家和世界平均水平。实际上，我们过去口中的第三世界、现在所谓的高速增长经济体，超越它们以及我们最乐观的梦想已经有一段时间了——谁不希望如此呢？显然，这对今天仍然贫困的国家的公民是个好消息，对企业也是好消息。这意味着更多产品和服务的新市场；在健康、教育、金融、制造、食品、海水淡化和林业领域，受过教育的人口将成为创新和企业家精神的源泉。多年来与手机行业共事的经验让我知道，当你为新兴市场的人们解决了一个问题，你就实现了低成本、高价值、放之四海而皆准的创新。

对于新兴市场，从今天的现实通往一个更快乐、更健康的世界的旅程是一趟增长之旅。有了适当的正确激励和原则，增长是了不起的。它能够而且必须让人类的生活更美好，同时为可恢复的自然资源创造一个繁荣的环境。

乐观主义需要培育和管理，需要一种即使在面对看似不可能的挑战时仍然保持乐观的环境，甚至需要一点有益的一厢情愿。乐观主义扎根于信仰，在一次次庆祝渐进的胜利中繁荣兴盛。从根本上，如何表达自己和领导其他人要由你来决定。如果你相信良心经济的力量能够改变你的企业，让世界变得更美好，你就已经迈出了最重要的第一步。从这里开始，只需要一步一个脚印地走下去。

·做一个良心经济的传播者。将社会和环境影响纳入对员工、媒体和行业协会的每一次演讲和企业声明中。对缺点像对成功一样坦率。

·不要只是加入一个宣传社会和环境友好的企业联盟，要成为它的领导。或者创造一个更理想的联盟。

·在良心经济中，找到你的企业真正能够从竞争中脱颖而出的领域，作为你要超越的目标，并且为之努力。从采购战略、生产到开发新的良心商业模式，任何事都可以体现良心。

·建立一个跨职能的战略团队，其任务就是为企业建立良心经济的愿景，对高层管理者负责，让新兴人才在其中流转。

大规模公益运动对人们是一件好事，对资源也是好事。这就是为什么良心经济对企业是一件好事的根本原因。

还有其他观点吗？

Annotation 注释

引言

对企业与社会的交叉点感兴趣的读者，可以参考米尔顿·弗里德曼的杰作"The Social Responsibility of Business Is to Increase Its Profits,"the *New York Times Magazine*, September 13, 1970。

引言 P.003：在北美，21 世纪初有机食品的销售额以两位数增长，2011 年增长率是 9.5%。可参见：http://www.nbcnews.com/id/663 8417/。同期，食品销售额的增长率只有 2%~3%。http://www. nytimes.com/2005/ll/01/business/01organic.html?hp&ex=1130907 600&en=la66fec0344c8870&ei=5094&partner=homepage&_r=0。

引言 P.008：对于贵格会信徒、企业和社会之间互动历史的情况，参见：http://en.wikipedia.org/wiki/History_of_the_Quakers。

引言 P.010：托马斯·皮凯蒂的观点在该书中得到了解释，*Capital in the Twenty-First Century*, Cambridge, MA：Belknap Press, 2014。

第 1 章

P.007：关于乌班图的历史讨论始自 Christian B.N. Gade, "The Historical Development of the Written Discourses on Ubuntu,"*South African Journal of Philosophy* 30（3）（2011）：303–329。

P.013：史蒂夫·乔布斯使用 LSD 是有据可查的。Yglesias, M. "Steve Jobs told me LSD was a positive life changing experience for me." Last modified June

11，2012. http://www.slate.com/blogs/moneybox/2012/06/11/steve_jobs_on_lsd_a_positive_life_changing_experience_for_me_.html。

P.014：蟋蟀吉米尼的其他名言出自迪士尼 1940 年版的动画片《匹诺曹》，参见 IMDb 网站：http://www.imdb.com/character/ ch0027756/quotes。

P.014：查尔斯·达尔文的著作参见：Charles Darwin, *The Descent of Man, and Selection in Relation to Sex* London：Penguin, 2004。

P.016：出自汉娜·阿伦特的著作，参见：*Eichmann in Jerusalem：A Report on the Banality of Evil*, 2006, London：Penguin。

P.021：本·索恩利的文章参见：Thornley, B "The Facts on US Social Enterprise." Last modified 8 Nov 2012. "http://www.huffingtonpost.com/ben-thornley/social-enterprise_b_2090144.html。

第 2 章

P.035：关于生物黑客参见：Alessandro Delfanti, *Biohackers：The Politics of Open Science*（New York：Pluto Press，2013）and Craig Venter, *Life at the Speed of Light*（New York：Penguin Group，2013）。

P.035：关于冲突参见：Steven Pinker, *The Better Angels of Our Nature：A History of Violence and Humanity*（London：Penguin Group，2012）。

P.036：关于肥胖参见：Cynthia J. Stein and Graham A. Colditz, "The Epidemic of Obesity," *The Journal of Clinical Endocrinology and Metabolism*, Vol 89, No.6,（2004）：2522-2525。

P.036：关于全球暴力的减少参见：Mack, A. 2014. "The Decline in Global Violence." Accessed August 2014 http://www.factsandopinions.com/galleries/expert-witness/the-decline-in-global-violence/ and Simon Fraser, *Human Security Report 2013*, *The Decline in Global*

Violence: *Evidence*, *Explanation and Contestation* (Vancouver: Human Security Press, 2013)。

P.037: 关于计算机和人工智能参见: Raymond Kurzweil, *The Singularity Is Near* (New York: Penguin Group, 2005)。

P.037: Cadwalladr, C. "Are the robot's about to rise? Google's new director of engineering thinks so..." Last modified 22 Feb 2014. http://www. theguard ian.com/technology/2014/feb/22/robots–google–ray–kurzweil– terminator–singularity–artificial–intelligence.

P.037: The Futurist. "Timing the Singularity" Accessed August 2014. http:// www.singularity2050.com/2009/08/timing–the–singularity.html.

P.039: 关于纳米技术的入门读物参见: nanowerk "graphene—properties, uses, and applications" Accessed August 2014. http://www.nanowerk.com/ spotlight/spotid=34184.php and Sargent Jr, J. 2013 *Nanotechnology*: *A Policy Primer* (Congressional Research Service Report) http://www. bespacific.com/crs–nanotechnology–a–policy–primer–2/。

第 3 章

P.062: 关于马斯洛的需求层次理论参见: Abraham Maslow, *A Motivation and Personality* 2nd ed. (New York: Harper and Row, 1970)。

P.066: 关于美国能源消耗参见: US Energy Information Administration. "Energy Perspectives 1949–2011" Last modified 27 September, 2012. http://www.eia.gov/totalenergy/data/annual/perspectives.cfm and "Annual Energy Review." Accessed August 2014 http://www.eia.gov/ totalenergy/data/annual/。

P.068:《连线》杂志的历史来自作者的回忆，作者当时在该杂志工作。

P.071：关于结果预测参见：Malcolm Gladwell, *Blink*（London：Penguin Group, 2012）。

P.076：如果对社会企业 15 餐厅感兴趣，参见："About Fifteen," 2014, Jamie Oliver Food Foundation, http://www.jamieoliver.com/the-fifteen-apprentice-programme/about/story。

P.081：关于影响力投资和社会企业的统计数据存在争议，并且在不断变化。下列资源可以作为参考：GIIN. "Perspectives on Progress" Accessed August 2014. http://www.thegiin.org/cgi-bin/iowa/resources/research/489.html。

P.081：关于印度和影响力投资参见：Singh, N. "India takes centre stage in impact investing" Last modified 10 Jun 2013. http://timesofindia. indiatimes.com/business/india-business/India-takes-centre-stage-in-impact-investing/ articleshow/20512517.cms。

P.083：关于慈善事业参见："Philanthropy 50—A Look at the 50 Most Generous Donors of 2013, *The Chronicle of Philanthropy*, 2014, http://philanthropy.com/article/A-Look-at-the-50-Most-Generous/l44529/#p50_list。

第4章

P.094：关于百味来的评论参见：Sieczkowski, C. "Barilla Pasta won't feature gay families in Ads, says critics can eat another brand of pasta" Last modified 26 Sep 2013. http://www.huffingtonpost.com/2013/09/26/barilla-pasta-anti-gay_n_3995679.html。

P.109：Timothy M.Devinney, P.Auger, and Giana M. Eckhardt, *The Myth of the Ethical Consumer*（New York：Cambridge University Press, 2010）.

P.111： Andrew Grove, *Only the Paranoid Survive*（London：Profile Books Ltd., 1997）.

第 5 章

P.122：关于社会良知调查参见：*Fortune* magazine，1946。

P.122：本章讨论的阶段来自：Patrick E. Murphy，"An Evolution：Corporate Social Responsiveness，" *University of Michigan Business Review*，Vol 30, No.6（1978）。

第 6 章

P.143：Peter F. Drucker, *The Practice of Management*（New York：Harper & Row Publications Ltd., 1954）.

关于基于价值的企业参见：Jim Collins and Jerry I. Porras, *Built to Last：Successful Habits of Visionary Companies*（New York：HarperCollins, 2002）。

关于构建长期品牌价值的经典著作：David A. Aaker, *Building Strong Brands*（New York：Free Press, 1996）。

第 7 章

P.163：关于创造性摩擦参见：D. Leonard-Barton and W. Swap, *When Sparks Fly：Igniting Creativity in Groups*（Cambridge，MA：Harvard Business School Press, 1999）。

P.164：关于众包和众筹参见：Enrique Estelles-Arolas and Fernando González-Ladrón-de-Guevara, "Towards an Integrated Crowdsourcing Definition" *Journal of Information Science*，Vol 38，No.2.（2012）：189-200 and Ethan Mollick, "The Dynamics of Crowdfunding: An Exploratory Study," *Journal of Business Venturing*, Vol 29, Issue 1（2014）: 1–16。

关于合作的重要作品参见：Charles Leadbeater, *We-Think*: *Mass Innovation Not*, *Mass Production*（London：Profile Books, 2008）。

第8章

P.183：George Marshall, "The Marshall Plan"（speech, Harvard University, Cambridge, MA, June 5, 1947）, http://www.oecd.org/general/themarshallplan speechatharvarduniversity5june1947.htm.

P.184：Milton Friedman, "The Social Responsibility of Business Is to Increase Its Profits," the *New York Times Magazine*, September 13, 1970.

P.186："看不见的手"参见：Adam Smith, *The Theory of Moral Sentiments*（London：A.Millar, 1759）。

P.188：关于不同行业的消费者信任全球数据，参见：Kantar Group's annual Global Monitor and BrandZ reports, London。

P.190：关于六西格玛的综述参见：Roger G. Schroeder, Kevin Linderman, Charles Liedtke, and Adrian S. Choo, "Six Sigma：Definition and Underlying Theory," *Journal of Operations Management*, Vol 26, Issue 4（2008）: 536–554。或者维基百科的六西格玛词条：http://en.wikipedia.org/wiki/Six_Sigma。

P.191：关于苏利文原则，参见维基百科的苏利文原则词条：http://en.wikipedia.org/wiki/Sullivan_principles。关于赤道原则，参见赤道原则联盟网站：http://www.equator-principles.com/。关于责任投资原则，参见 PRI 联盟网站：http://www.unpri.org/。

P.193：纳西姆·尼古拉斯·塔勒布的更多作品参见：Nassim N. Taleb, *Anti-*

fragile：*Things That Gain from Disorder*（London：Penguin Group，2012）。

P.196：关于综合报告参见：http://www.theiirc.org/。关于三重底线参见：Timothy F. Slaper and Tanya J. Hall，"The Triple Bottom Line：What Is It and How Does It Work?" *Indiana Business Review*，Vol 86，No.1（2011）：4-8。

第 9 章

P.214：萧伯纳的名言出自：George B. Shaw，*Maxims for Revolutionists*（New York：Cambridge University Press，1903）。

P.222：关于黄金和圣湖参见：Metropolitan Museum of Art *Bulletin*，New York，Spring 2002。

P.225：关于未来情景规划的重要作品参见：Peter Schwartz，*The Art of the Long View*：*Planning for the Future in an Uncertain World*（New York：Doubleday/Currency，1991）。

P.225：联合创新中心网站：http://cchubnigeria.com/。

P.225：关于非洲的回报率参见：Strauss, Karsen. "Let's build a tech startup in...Rwanda?" Last modified 1 April 2014. http://www.forbes.com/sites/karstenstrauss/2014/04/01/lets-build-a-tech-startup-in-rwanda/。

图书在版编目（CIP）数据

良心经济学：企业零恶行与盈利的实现路径 /（ ）史蒂文·奥弗曼（Steven Overman）著；唐奇译 . — 北京：中国人民大学出版社，2019.1

书名原文：The Conscience Economy：How a Mass Movement for Good Is Great for Business

ISBN 978-7-300-26247-5

Ⅰ . ①良… Ⅱ . ①史… ②唐… Ⅲ . ①企业经济学—研究 Ⅳ . ① F270

中国版本图书馆 CIP 数据核字（2018）第 211034 号

良心经济学

企业零恶行与盈利的实现路径

史蒂文·奥弗曼（Steven Overman）　著

唐奇　译

Liangxin Jingjixue

出版发行	中国人民大学出版社	
社　址	北京中关村大街 31 号	**邮政编码**　100080
电　话	010-62511242（总编室）	010-62511770（质管部）
	010-82501766（邮购部）	010-62514148（门市部）
	010-62515195（发行公司）	010-62515275（盗版举报）
网　址	http://www.crup.com.cn	
	http://www.ttrnet.com（人大教研网）	
经　销	新华书店	
印　刷	北京德富泰印务有限公司	
规　格	145mm×210mm　32 开本	**版　次**　2019 年 1 月第 1 版
印　张	8.25　插页 2	**印　次**　2019 年 1 月第 1 次印刷
字　数	148 000	**定　价**　56.00 元